KB074679

숙청의 역사

肅清 歷史

숙청의 역사 _한국사편

초판 1쇄 발행 2023년 4월 10일

지은이 최경식 / **펴낸이** 배충현 / **펴낸곳** 갈라북스 / **출판등록** 2011년 9월 19일(제2015-000098호) / **전화** (031)970-9102 **팩스** (031)970-9103 / **블로그** blog.naver.com/galabooks / **페이스북** www.facebook.com/bookgala / **이메일** galabooks@naver.com / ISBN 979-11-86518-65-6 (03910)

숙청의 역사

● 서 문

역사의 발전과 퇴보,
옳고 그름의 판단을 위해⋯

『정변의 역사』에 이어 『숙청의 역사 _한국사편』을 출간하게 됐다. 평일에는 본업을 하고, 주말에 틈틈이 부업을 했다.

전혀 무리하지 않았다. 그저 벽돌을 쌓듯이 차근차근 지면을 채워나가다 보니 어느새 한 권의 책이 됐다.

역사에 대한 애착이 크고, 역사를 널리 알리고 싶다는 나름의 사명감 때문에 하는 일이다.

두 번째 역사 주제는 '숙청'이다.

이것의 사전적 의미는 정치적 반대파 등을 제거해 조직의 순화를 도모하는 것이다. 예로부터 숙청은 역사의 흐름에 심대한 영향을 미쳤다.

역사적 전환기에 주로 권력 강화의 수단으로 활용됐으며, 그 결과는 당대는 물론 이후의 역사를 규정지었다.

나아가 역사에서는 좋은 숙청과 나쁜 숙청이 있었다.

전자는 역사를 크게 퇴보시켰지만, 후자는 역사 발전의 동력이 됐다. 폭넓은 시각으로 해당 역사를 바라보면서 옳고 그름을 판단해야 한다.

이처럼 숙청이란 주제는 의미가 깊을뿐더러 역사적 지식과 재미를 효과적으로 전달할 수 있다고 생각한다. 그래서 선택했다.

다양한 곳에서 관련 자료들을 살펴보고 발췌해 책에 담았다. 이번에 한국사 10편을 먼저 내고, 몇 개월 뒤에는 세계사 10편을 내놓을 계획이다.

아이디어가 고갈되는 그날까지 『00의 역사』 시리즈를 계속 이어갈 예정이기도 하다. (물론 주말에만 작업을 하기에 본업에는 전혀 지장이 없다.) 모쪼록 너그러운 마음으로 이 책을 봐주시길 바란다.

_ 최경식

● 차 례

01

신문왕의 '진골 숙청'

창업에서 수성의 시대로

통일신라 수성형 군주, 왕권 강화 전말

경주시 배반동 '신문왕릉' 전경.   _나무위키

"과인이 왜소한 몸과 볼품없는 덕으로 숭고한 기틀을 받아 지키느라 먹을 것도 잊고 아침 일찍 일어나 밤늦게 잠들며 여러 중신들과 함께 나라를 편안케 하려 하였다. 그런데 어찌 상복도 벗지 않은 때에 경성에서 난이 일어나리라 생각했겠는가? 적괴의 우두머리 김흠돌, 김흥원, 진공 등은 벼슬이 자신의 재주로 오른 것이 아니고 관직은 실로 성은聖恩으로 오른 것인데도, 처음부터 끝까지 삼가 부귀를 보전하지 못하였도다. 마침내 불인不仁·불의不義로 복과 위세를 마음대로 부려 관료들을 깔보고 위아래를 속였다. 날마다 만족하지 못하는 탐심을 왕성히 하고 포학한 마음을 제멋대로 하여 흉악하고 나쁜 이들을 불러들이고 왕실의 근시들과 결탁하여 화가 안팎에 통하게 되었다. 똑같은 악인들이 서로 도와서 날짜를 정하여 세상을 어지럽히는 반역을 행하고자 하였다. 과인이 위로 천지天地의 보살핌에 힘입고 아래로 종묘宗廟의 영험을 받아서인지 김흠돌 등의 악이 쌓이고 죄가 가득 차자 그들이 도모하던 역모가 세상에 드러났다. 그러므로 병사들을 추가로 모아 은혜를 잊고 의리를 저버린 나쁜 무리들을 없애고자 하였다."_신문왕『교서』中

역사적으로 한 국가의 가치는 크게 창업創業과 수성守城으로 분류할 수 있다. 이는 국가를 세우는 것과 국가를 지켜나가는 것을 의미한다. 무에서 유를 창조하는 전자가 중요하고 어려워 보일 수 있지만, 이것보다 더한 것이 바로 후자다. 공동의 목표를 향해 나아갔던 창업기가 지나면, 왕권과 공신 세력으로 대변되는 신권 간의 충돌은 불가피하고 흔한 일이다. 이를 단호하게 제어하지 못할 경우 내부 갈등과 혼란은 걷잡을 수 없이 확대돼 가뜩이나 불안정한 신생 국가를 나락奈落에 빠뜨릴 가능성이 높다. 중국의 역대 왕조를 보면 건국은 무난하게 해도 수성에 실패해 단명한 왕조들이 적지 않다. 신생 국가의 기틀을 끝내 다지지 못했던 까닭이다.

수성을 구현함에 있어 무엇보다 군왕의 역할이 중요하다. 해당 가치에 부합하는 군왕이 존재해야 그 국가는 비로소 오래 갈 수 있다. 한반도에서 장기간 존재했던 국가인 통일신라, 고려, 조선은 이 같은 군왕들이 존재했었다. 통일신라엔 신문왕, 고려엔 광종, 조선엔 태종이방원이 있었다. 특히 이 책의 첫째 편에서 살펴볼 신문왕은 수성형 군주의 '전범'典範이라 할 만하다. 할아버지와 아버지의 시대인 삼국통일기, 제2의 창업 기틀 지나 왕위에 오른 신문왕 앞에 놓인 것은 거대하게 공신 세력화된 진골 귀족들과 완전히 편입되지 못한 고구려계 유민들, 위태로워진 왕권이었다. 치밀하고 냉정하며 유능했던 신문왕은 지금 시대에 자신이 무엇을 해야 할지를 잘 알고 있었다. '왕권 강화'라는 명확한 목표를 설정했고, 이를 위해 진골 세력 및 고구려계 유민 등에 대한 냉혹하고 과감한 '숙청'을 마다하지 않았다.

숙청이 완료된 후에는 녹읍 폐지와 군제 개편 등 각종 제도 정비를 단행해 당초 목표를 완벽히 달성했다. 신문왕의 뒤를 이어 왕이 된 성덕왕 등은 이 같은 반석 위에서 통일신라를 안정적으로 이끌어나갈 수 있었다. 8세기 중엽까지 지속된 통일신라 최전성기의 문이 활짝 열린 것이다. 창업에서 수성의 시대로. 이 어려운 격변의 시기를 성공적으로 감당해 사직社稷을 바로 세운 수성형 군주, 신문왕의 '진골 숙청' 전말을 되돌아봤다.

나당 전쟁 승리

삼국 중에서 비교적 허약했던 신라는 당나라와 손을 잡고 백제와 고구려를 차례로 멸망시키는 데 성공했다. 비록 외세를 끌어들이고 대동강 이남 지역에 대한 지배권을 확보하는 데 그쳤지만, 신라로서는 나름대로 '삼국통일'이라는 대업을 달성하고 명실상부 한반도 중남부 지역을 대표하는 자주 국가로 우뚝 설 것처럼 보였다. 하지만 이후 당나라는 노골적으로 한반도에 대한 지배권을 확보하려 했다. 이것의 일환으로 옛 백제 땅에 웅진도독부, 신라 땅에 계림대도독부를 설치했다. 결국 신라를 자주국으로 인정하지 않고 자신들의 행정구역으로 편입시키려

한 것이다. '문무왕'태종 무열왕 김춘추의 아들의 신라는 이대로 당하고 있을 수만은 없었다. 당나라와의 전쟁은 필연적인 것이었다.

670년, 마침내 신라는 고구려 유민들과 연합해 요동 지역의 당나라군을 공격했다. '나당 전쟁'의 시작이었다. 신라는 공세적인 전략을 통해 당나라가 요동에 집중하게 만들었고, 그 사이 백제 영토에 있던 당나라군을 효과적으로 밀어냈다. 전쟁 초반에는 대체로 신라가 우위를 점하는 모습이었다. 하지만 672년 석문 전투에서 신라 주력군이 당나라군에 대패하면서 전세가 기울었다. 더욱이 이 즈음에 신라군의 구심점이었던 김유신이 세상을 떠나기도 했다. 신라는 최대 위기에 봉착했다. 어쩔 수 없이 전략을 바꿀 수밖에 없었다. 기존의 공세에서 수성으로의 전환이다. 한동안 신라는 당나라에 각종 진상품을 바치고 선처를 구하는 등 저자세 외교를 펼치며 가급적 무력 충돌을 피하려 했다.

그러나 이것이 전부가 아니었다. 다른 한편으로 신라는 치밀하게 힘을 축적했다. 우선 여러 요충지에 성을 축조해 거점을 확보했고, 내부의 친당 세력들을 과감히 숙청하며 결속을 다졌다. 또한 고구려, 백제 유민들을 적극적으로 포섭했다. 당나라군에 맞설 특화된 부대도 육성하고 무기도 대량으로 생산

숙청의 역사

했다. 어느 정도 준비가 됐다고 판단한 신라는 다시 당나라와의 전쟁에 나섰다. 이때의 신라군은 이전과 확연히 달랐다. 각종 전투에서 잇따라 승리하며 전쟁의 승기를 잡아나갔다. 특히 675년 현재의 동두천 지역에서 벌어진 매소성 전투에서 신라군은 고작 3만 명으로 20만 명의 당나라군을 격파했다. 서해 기벌포에서 벌어진 해전에서도 신라군이 대승을 거두면서 당나라군의 전의가 크게 꺾였다. 이후 크고 작은 전투에서 신라군은 거듭 승리했고, 마침내 676년 당나라군을 한반도 중남부 지역에서 완전히 몰아내는 데 성공했다.

떠오르는 왕권-신권 갈등

나당 전쟁에서의 승리를 통해 신라는 비로소 제한적인 통일 국가이자 자주국가로 설 수 있었다. 이때 신라는 '제2의 건국'을 한 것이나 다름없었으며, 앞날이 전도유망해 보였다. 그러나 실제로 꽃길은 존재하지 않았다. 외부의 적이 사라지자, 이제 내부 갈등이 급부상하고 있었던 것이다. 바로 군왕과 통일 전쟁 과정에서 공신이 된 진골 귀족들 간 갈등이다. 왕은 비대해진 공신 세력을 억제하려 했고, 공신 세력은 왕의 권력 독점에 반발하며 자신들의 몫을 챙기려 했다. 이는 숙명적인 충돌이었다. 문무왕은 진골 공신 세력의 위협적인 면모를 일찌감치 인지하고 있었다. 이에 따라 그는 진골 귀족들의 군사적 기반이 되는 육정六停을 대신할 새로운 서당誓幢 부대를 만들어 이들을 견제했다. 또한 행정 관서를 정비하고 실무 관리를 늘릴 때 6두품 이하 사람들을 대거 양성, 등용하며 자신의 친위 세력 형성을 도모하기도 했다.

하지만 거기까지였다. 문무왕은 진골 세력의 반발 등으로 더 이상 나아가지 못했고, 681년에 세상을 떠났다. 왕권강화 및 전제왕권 구축은 미완성이었다. 여전히 진골 세력은 조정의 중심부에서 무소불위의 공신으로써 존재하고 있었다. 문무왕의 뒤를 이어 그의 아들인 태자 정명이 왕위에 올랐다. 바로 신라의 제31대 군왕인 '신문왕'이다. 이는 무열왕, 문무왕, 신문왕으로 이어지는 3대째 왕위 세습이었다. 그런데 이때 진골 세력은 신문왕의 즉위를 매우 달갑게 여기지 않았다. 무열왕 때부터 성골이 아닌 진골에서 왕이 배출됐는데, 웬만한 진골 세력은 전쟁 기간에는 어쩔 수 없지만 안정기에 접어든 이번에는 자신들에게도 기회가 있을 것이라고 생각했다. 그래서 호시탐탐 왕위를 노렸지만, 또다시 무열왕계의 왕위 세습이 이뤄져 일순간 희망이 사그라진 것이다. 신문왕에 대한 진골 세력의 반감은 처음부터 높을 수밖에 없었다.

엎친데 덮친 격으로 진골 세력에게 더 큰 반감을 갖게 만드는 것이 있었다. 바로 신문왕의 노골적인 왕권강화 의지였다. 이는 문무왕과는 비교도 할 수 없을 정도였다. 즉위하기 이전부터 진골 공신 득세와 왕권의 유명무실화에 대한 깊은 우려를 갖고 있던 신문왕은 자연스레 왕권 강화에 대한 의지를 대놓고 표출했다. 자신의 시대는 공신 세력이 득세할 수밖에 없었던 할아버지 및 아버지의 시대와는 분명히 다르다는 것도 직시했다. 진골 세력은 신문왕의 이 같은 의지를 확실히 인지하고 있었다. 이에 따라 무열왕계 세습 때문만이 아닌 왕권강화 의지 때문에 더욱 신문왕의 즉위에 반감을 가졌던 것이다. 하지만 진골 세력이 당장 신문왕의 즉위를 막을 수 있는 명분과 물리력은 존재하지 않았기 때문에 신문왕은 왕위에 오를 수 있었다. 매우 불안정한 상태였지만 말이다.

김흠돌 모역 사건

681년 7월, 신문왕이 즉위한 직후 정국은 심상치 않게 돌아갔다. 많은 진골 귀족들이 신문왕을 군왕으로 인정하지 않고 구체적인 반발 움직임을 보인 것이다. 치밀했던 신문왕은 즉위 이전부터 이를 충분히 예상하고 있었다. 그리고 철저히 대비를 했다. 나름의 자신감이 있었던 그는 즉위한 후 1개월이 지났을 때 진골 세력에게 '선제공격'으로 보일 수 있는 조치까지 취한다. 삼국통일 전쟁 당시 김유신 휘하에서 종군하며 수많은 공로를 세웠던 김군관을 상대등에서 해임해 병부령으로 강등시켰던 것이다. 김군관은 대표적인 진골 무관이었다. 비어있는 상대등 자리엔 측근인 각간 진복을 임명했다. 이것은 사실상 신문왕 숙청 및 왕권 강화의 서막이었다.

김군관 강등을 계기로 진골 세력은 왕의 의중이 타협이 아닌 공세에 있다는 것을 확인했다. 그러자 일부 대표 진골을 중심으로 반발 움직임은 더욱 가속화되고 구체화됐다. 결국 얼마 지나지 않아 사건이 터지고 말았다. '모역 사건'이었다. 그런데 사건의 주인공이 의외였다. 바로 신문왕의 장인이었던 잡찬 김흠돌이다. 그는 파진찬 김흥원, 대아찬 진공 등과 함께 반란을 일으키려다 사전에 발각됐다. 장인이어도 왕의 목숨을 노릴 만큼 진골 세력은 신문왕의 존재 및 왕권 강화 움직임에 큰 반감을 갖고 있었던 것이다. 김흠돌의 역모가 허무하게 실패한 원인은 성급함에 있었다. 그는 신문왕이 즉위한 직후 기습적으로 자신과 긴밀한 관계에 있던 김군관을 강등하자 마음이 급해졌다. 이에 따라 충분한 준비를 갖추지 않은 채 서둘러 반란을 도모하려 했다. 성급한 역모 움직임은 신문왕의 레이더에 걸려들었고, 그는 기민하게 움직여 김흠돌의 꼬리를 붙잡았다.

신문왕은 믿었던 장인이 역모의 주동자였던 것에도 분노했지만, 문무왕의 장례 기간이 한창일 때 역모 사건이 터진 것에 더욱 분노했다. 그는 관군에게 역모 세력을 집요하게 추적해 모조리 척살하라고 지시했다. 4일에 걸쳐 대대적인 숙청이 진행됐다. 그 결과 김흠돌, 김흥원, 진공 등 역모의 주동자들은 물론 이들을 추종하는 수많은 진골 귀족들이 척살됐다. 심지어 관군은 야산으로 달아나 몸을 숨겼던 진골들도 샅샅이 찾아내 죽였다. 모역 사건을 신속하게 처리한 신문왕은 며칠 뒤에 '교서'를 발표했다. 여기에는 상복도 벗지 않은 상황에서 역모를 일으킨 김흠돌 세력에 대한 책망과 그들이 행한 불의한 행동들, 반란 진압의 정당성 등이 담겨있다. 신문왕은 이 같은 교서를 만방에 전파함으로써 왕의 권위를 드높이고, 나머지 진골 세력에게 강력한 경고를 가했다.

한편 김흠돌 모역 사건과 관련해 현재까지도 역사학계에선 논란이 있다. 이 사건의 원인 및 진위 여부가 그것이다. 상술했듯 한편에선 김흠돌이 자신과 가까웠던 김군관이 강등됨에 따라 위기감에 사로잡혀 반란을 일으켰다고 나와있다. 또한 신문왕의 비였던 자신의 딸이 자식을 낳지 못하자 위기감이 발동한 것도 원인으로 거론된다. 하지만 다른 한편에선 사건이 왜곡됐을 것이라는 의견도 제기된다. 김흠돌이 반란을 도모한 것이 아니라 신문왕이 진골 세력 숙청을 목적으로 김흠돌에게 역모 혐의를 뒤집어씌워 희생양으로 만들었다는 것이다. 이 같은 주장의 근거로는 군왕의 장인으로서 이미 무소불위의 권력을 누리고 있던 김흠돌이 굳이 위험한 반란을 도모할 이유가 없었다는 점이다. 결국 신문왕과 그 최측근들이 중심이 된 왕권 강화용 '친위 쿠데타'라는 결론이다. 확실한 진위 여부를 떠나 김흠돌 모역 사건은 결과적으로 신문왕의 목적을 용이하게 달성시키는 원동력이 됐다.

숙청의 심화

김흠돌이 제거된 후 왕비였던 그의 딸도 무사하지 못했다. 그녀도 아버지와 같은 역모죄를 적용받아 폐비가 됐고, 궁궐에서 쫓겨났다. 신문왕은 일길찬 김흠운의 딸신목왕후을 새로운 왕비로 맞이했다. 향후 신문왕의 뒤를 잇는 왕들인 효소왕, 성덕왕은 이 신목왕후에게서 출생했다. 신문왕이 그녀를 왕비로 맞이한 것은 왕권 강화 의도가 짙었다. 신목왕후의 아버지 김흠운은 신문왕의 할아버지 태종 무열왕의 사위에다 통일전쟁의 영웅이었다. 명망이 높은 가문의 여인을 왕비로 맞이해 왕실의 권위를 드높일 수 있었다. 오래전부터 왕실과 신목왕후 가문이 긴밀한 관계를 맺고 있어 후환도 없을 터였다. 더욱이 신목왕후를 왕비로 삼는 과정에서 김개원, 김삼광, 김문영 등이 중요한 역할을 수행했는데, 이들은 각각 신문왕의 숙부, 김유신의 아들 및 심복 출신이었다. 왕실과 매우 가까운 인물들이 '납비의'納妃儀에 공개적으로 참여함으로써 왕권에 힘을 실어주는 모양새였다.

뒤이어 신문왕은 병부령으로 강등됐던 김군관을 처형했다. 이는 김흠돌 모역 사건과 관련이 있었다. 김군관이 모역 사건에 직접 가담한 것은 아니지만, 사전에 이를 알고도 '방조'했다는 것이 이유였다. 김군관뿐만 아니라 그의 아들도 자결하도록 했다. 신문왕은 한 때 대표적인 진골 무관이었던 김군관 부자가 언제든 위협적인 세력을 형성할 수 있다고 판단해 아예 제거해버린 것이다. 일련의 숙청 과정에서 신문왕은 신변의 위협을 크게 느끼기도 했다. 그는 진골 세력의 반격을 우려했다. 이에 따라 왕의 경호를 대폭 강화하는 조치를 취했다. 왕을 경호하는 부서인 시위부의 장 위에 6인의 장군직을 더 설치했다. 신문왕의 치밀함을 엿볼 수 있는 대목이다. 지금까지 일들은 신문왕이 즉위한 해인 681년 8월과 10월 사이에 모두 일어난 것이다. 그야말로 '속전속결'이었다.

신문왕의 숙청은 3년 뒤인 684년에도 발생했다. 이번에는 진골 세력이 아닌 신라 내 고구려 유민 자치국인 '보덕국'이 표적이 됐다. 보덕국은 674년 문무왕 시대에 고구려의 유민 안승이 세웠다. 그는 고구려 부흥 운동을 주도하면서 당나라와 싸

우던 중 신라에 지원을 요청했다. 공동의 적이었던 당나라를 물리치기 위해 신라는 요청에 응했고, 그 일환으로 안승에게 금마저, 현재의 전라북도 익산시를 주고 보덕국왕에 봉했다. 이후 보덕국은 14년을 존속한다. 보덕국은 자치국으로 있으면서 신라와 별다른 문제를 일으키지 않았다. 신문왕 시대에는 보덕국이 신문왕의 행보를 적극 지지하는 모습도 보였다. 특히 김흠돌 모역 사건이 진압된 직후 보덕국은 즉각적으로 소형 수덕개를 사신으로 보내 신문왕의 진압을 크게 축하하기도 했다.

그러나 보덕국은 얼마 지나지 않아 완전히 해체되고 신라의 직접 통치 하에 들어간다. 기록상으로는 보덕국에서 반란이 일어나 신문왕이 이를 토벌해 해체시켰다고 나온다. 신문왕이 안승에게 김 씨 성을 하사한 후 금마저 대신 서라벌에서 살도록 했는데, 안승의 조카인 대문이 이에 불만을 품고 금마저에서 거병했다. 하지만 거병은 실패했고, 대문은 목숨을 잃었다. 고구려 왕족의 후손인 대문이 죽임을 당하자 보덕국인들은 대거 들고일어났다. 얼핏 보면 보덕국 반란이 일차적 원인으로 보이지만, 실제로는 신문왕이 보덕국을 제거해야 할 대상으로 상정해 먼저 움직였다는 분석도 도출할 수 있다. 특히 안승을 서라벌에서 살도록 한 것은 핵심 인물을 보덕국과 분리시킴으로써 궁극적으로 보덕국 해체 수순을 밟은 것이라고도 볼 수 있다.

신문왕은 고구려에 대한 향수를 갖고 있는 보덕국이 언제든 김흠돌처럼 반란을 일으킬 수 있다고 생각했을 법하다. 결국 통일신라 시대에도 고구려 유민 자치국으로써 온전히 유지될 것처럼 보였던 보덕국은 신문왕 대에 이르러 빠르게 역사의 뒤안길로 사라졌다.

왕권 강화 정책

신문왕 즉위 직후부터 시작된 대규모 숙청 작업은 비로소 마무리됐다. 결코 쉽지 않을 것처럼 보였던 첫 번째 과제를 신문왕은 과감하고 신속하게 달성했다. 숙청에 의해 물리적인 반작용 우려가 사라지자 그는 곧바로 다음 과제를 실행에 옮긴다. 본격적인 왕권강화 '정책'이었다. 대표적인 것은 바로 관료전 지급과 '녹읍'禄邑 폐지이다. 687년, 신문왕은 문무 관료들에게 일정량의 토지를 차등 있게 하사하는 관료전을 지급했다. 이는 선천적인 골품보단 후천적인 '직분'을 중시한 것이다. 자연스레 진골 귀족들의 기득권 약화로 연결될 수 있었다. 그런데 신문왕은 여기서 한 발 더 나아간다. 2년 뒤인 689년에 진골 귀족들의 핵심 기반인 녹읍을 없애버린 것이다.

그동안 녹읍은 진골 귀족들에게 일정한 지역의 경제적 수취를 허용해 줬다. 그들은 이를 통해 국가로부터 수조권조세, 공납의 징수, 소유권, 노동력 징발권을 인정받을 수 있었다. 강력한 경제적 기반이자 군사적 기반이 됐고, 자녀들에 대한 세습도 가능했다. 진골 귀족들과 달리 6두품과 그 이하에 있는 사람들은 '축년사조'를 받고 있었다. 이는 한 해 또는 한 달을 기준으로 국가에서 일정량의 토지, 곡물을 제공받는 것이다. 신문왕은 진골 귀족들에게서 녹읍이라는 엄청난 특혜를 빼앗고, 앞으로는 6두품처럼 평범한 축년사조를 받게 했다. 진골 귀족들이 더 이상 힘 있는 특권층이 아닌 왕권을 보좌하는 일반 행정 관료층으로 편입되는 순간이었다. 다만 70여 년 후인 경덕왕 때 녹읍이 다시 부활된다.

군사제도 개편도 신문왕의 대표적인 왕권 강화책으로 꼽힌다. 우선 중앙군단의 성격을 띤 9개의 군부대 '9서당'을 군왕의 직속 하에 둠으로써 전제 왕권의 군사적 기반으로 만들었다. 더욱이 9서당에 삼국의 유민들을 골고루 배속시켰다. 신라 및 가야인으로 구성된 부대 3개, 고구려 유민으로 구성된 부대 3개, 백제 유민으로 구성된 부대 2개, 말갈 및 기타로 구성된 부대 1개가 있었다. 신문왕은 이 같은 부대 구성을 통해 현재 신라의 군대가 삼국을 통합한 군대이며, 신라왕은 곧 삼국 전체의 왕임을 상징적으로 보여주고자 했다. 지방의 군대도 손을 봤다. 지방에 주둔한 10개의 군단인 10정은 9주에 각 하나씩 배치됐다. 지역이 넓고 국방상 요충지인 한산주에는 2개의 정이 배치됐다.

왕권 강화책 이외에도 신문왕은 각종 제도를 정비해 통일신라의 반석을 다졌다. 우선 682년에 유교 교육기관인 '국학'國學을 설치해 중하급 관리를 체계적으로 양성했다. 이 기관은 유교 경전에 대한 교육을 통해 왕권 강화의 이념적 토대를 제공하기도 했다. 3년 뒤인 685년에는 각 관부에서 행정실무를 담당하는 사지舍知 직을 새로 설치했다. 이로써 신라 중앙 관부들의 관직은 장관 영令, 차관 경卿, 대사大舍, 사지舍知, 사史의 5등관제로 완성됐다. 신문왕은 지방제도를 '9주 5소경'으로 정비하기도 했다. 중국의 9주 체제를 모방해 전국을 9개의 주고구려, 백제, 신라의 옛땅에 각각 3주씩 편제로 나누고 지방 장관을 파견했다. 이는 확대된 영토와 인구를 보다 효과적으로 다스리고 중국과 다를 바 없는 자주국가임을 표방하기 위해서였다. 아울러 지방 정복민 통제와 이질적인 문화 요소 융화를 위해 남원경현 남원, 금관경현 김해, 북원경현 원주, 중원경현 충주, 서원경현 청주 등 5소경을 설치했다. 시간이 갈수록 소경은 지방의 문화 중심 도시로써 기능했다.

이처럼 신문왕은 통일신라의 수성형 군주로써 국가의 기틀을 다잡는 많은 업적을 남겼다. 그러나 그의 재위 기간이 길었던 것은 아니다. 신문왕은 즉위한 지 11년밖에 안 된 692년 7월에 승하昇遐했다. 숨을 거뒀을 때 그의 나이는 최소 30대 후반에서 최대 50대 초반이었을 것으로 추정된다. 비교적 이른 시기에 승하했기 때문에 신문왕은 후사 문제가 심각했다. 당시에 아들인 효소왕과 성덕왕은 모두 나이가 어렸다. 장남인 효소왕이 고작 6세에 왕위에 올랐는데, 그는 별다른 업적 없이 지내다 16세에 후사 없이 죽었다. 다음으로 친동생인 성덕왕이 왕위에 올랐다. 그도 비록 어린 나이에 즉위했지만, 효소왕과 확연히 다른 모습을 보여준다. 절묘한 용인술을 선보이는 등 뛰어난 정치감각을 갖고 있었던 것이다. 아버지 신문왕의 아들다웠다. 성덕왕은 신문왕이 다져놓은 바탕 위에서 36년을 재위하며 정치적 안정은 물론 각종 제도 정비와 문물의 발달을 이룩했다. 이때 통일신라 최전성기의 문이 활짝 열렸다.

02

광종의 '호족 · 왕족 숙청'

빛나거나 미치거나

개혁과 광기의 양면성, 광종 숙청 전말

고려사 광종 총서.

"광종光宗은 즉위 후 한동안 아랫사람을 예로써 대접하고 항상 호부자豪富者와 억센 자들을 억제하였으며 백성들에게도 많은 혜택을 베풀었다. 그리하여 자못 볼 만한 정치를 이룩하였다...중략...또 불교를 혹신하여 국고를 낭비하였으며 말년에는 많은 무고한 사람들을 죽였다. 심지어는 자신의 외아들에게까지 의심을 품어 잘못하면 경종도 목숨을 보전하지 못할 뻔했다."_최승로『시무 28조』中

　　신라에 이어 우리나라 두 번째 통일국가인 '고려'는 태조 왕건이라는 인물에 의해 건국됐다. 그가 통일 및 건국을 성공적으로 할 수 있었던 것은 매우 시의적절한 정책이 뒷받침됐기 때문이다. 바로 '대통합' 정책이다. 왕건은 전국 각지의 호족은 물론 주적인 후백제의 견훤과 신라도 품었다. 그 결과 호전적인 궁예, 견훤 등과 달리 유화적인 왕건의 곁에 수많은 세력들이 자발적으로 들어와 협조했다. 왕건은 '창업군주'로써 자신에게 주어진 역사적 과업이 무엇이고, 이를 어떻게 완수해야 하는지를 정확히 인식하고 있었다. 하지만 시대가 변하면 정책과 기조도 변하기 마련이다. 왕건의 정책은 통일 이후에도 지속될 순 없었다. 통일 과정에서 주효했던 대통합 정책은 되레 국가와 왕권에 걸림돌이 될 가능성이 높았다. 이제 신생국가 고려에는 강력한 왕권과 개혁을 기반으로 한 '수성'이 필요했다. 통일신라의 신문왕이 그랬던 것처럼 말이다.

그 수성의 역할을 자임하고 나선 군왕이 바로 고려 제4대 왕인 '광종' 왕소였다. 그는 대통합 정책을 통해 비대해진 호족 세력에게 속절없이 휘둘렸던 혜종과 정종의 경우를 반면교사反面教師로 삼았다. 이에 광종은 유약한 전임자들과 달리 호족 세력에게 매우 영악하게 대응했다. 때를 기다리고 준비하며 동력을 확보했고, 마침내 기회가 왔을 때 과감하게 밀어붙여 개혁을 성공적으로 완수했다. '노비안검법'奴婢按檢法과 '과거제'科擧制 등으로 대변되는 광종의 개혁은 지금까지도 국내 역사 교과서에서 가장 많이 거론되는 눈부신 성과물이다. 이를 통해 신생국가 고려는 탄탄한 기틀을 다짐으로써 500년 가까이 지속될 수 있었다. 이러한 측면만 보면 광종의 '광'은 '빛날 광'光으로 보인다.

그러나 빛이 있으면 어둠도 있다. 수성에 대한 집착과 의심이 과도했기 때문이었을까. 집권 후반기에 광종은 역사상 유례를 찾아보기 힘든 '피의 숙청'과 '공포 정치'를 단행한다. 명백히 문제가 있는 사람과 세력들을 제거하는 것은 마땅한 일이나, 광종 대에는 그렇지 않은 사람 및 세력들도 대거 제거됐다. 사회 곳곳에서 참소讒訴와 고변告變이 난무하며 피바람이 불었고, 불신과 음모가 판을 쳤다. 호족은 물론 왕족들외아들 포함도 무사하지 못했다. 후임자인 경종 대엔 광종 숙청의 부작용복수법 이 나타나 다시 한번 피바람이 불기도 했다. 이러한 측면만 보면 광종의 '광'은 '미칠 광'狂으로 보이기도 한다. 양면성이 극단으로 존재하는 광종. 지난 역사를 돌이켜 봐도 이러한 군왕을 찾는 것은 쉽지 않다. 하지만 분명한 것은 광종이 고려는 물론 우리나라 전체 역사를 통틀어 결코 빼놓을 수 없는 '명군'名君에 속한다는 사실이다. 빛나거나 미치거나 했던 광종의 개혁 및 '호족, 왕족 숙청' 전말을 되돌아봤다.

호족의 권세

태조 왕건이 후삼국을 통일할 때 강력한 지지기반이 된 것은 각지의 호족들이었다. 이들이 없었다면 통일은 꿈도 꾸지 못할 일이었다. 왕건은 특유의 친화력으로 호족들을 대거 포섭했다. 대표적인 포섭 방법은 정략결혼과 사성賜姓 정책이었다. 무려 29명이나 되는 호족의 딸과 결혼25남 9녀의 후사를 뒀다.을 했고, 많은 호족들에게 '왕 씨' 성을 하사해 친족으로 만들었다. 이에 따라 고려라는 두 번째 통일국가는 사실상 '호족 연맹국가'로 출범했다. 그만큼 호족들의 권세는 왕도 함부로 할 수 없을 만큼 강력했다.

그러나 이는 불행의 씨앗이었다. 왕건이 죽은 후 호족들은 왕위 쟁탈전에 대거 참전했다. 자신들이 지지하는 일부 왕자들과 연합해 피비린내 나는 권력 투쟁을 벌인 것이다. 왕권이 탄탄했으면 결코 일어날 수 없는 일이었다. 고려 제2대 왕인 혜종은 호족들의 제대로 된 뒷받침을 받지 못해 권력이 미약했다. 그나마 박술희, 왕규 등이 중심이 된 개경파가 혜종을 후원했지만 역부족이었다. 반대편에서 왕의 동생들인 왕요_{정종}와 왕소_{광종}가 부상했고, 이들과 서경파는 맞손 잡고 혜종을 위협했다. 대표적인 서경파는 왕건의 친동생인 왕식렴이었다.

이런 가운데 혜종이 즉위 2년 만에 병사_{病死}했다. 그의 죽음은 석연치가 않다. 왕건을 따라서 전장에 자주 출전했고 궁궐에 잠입한 자객을 맨손으로 때려눕힌 장사였지만, 매일 다른 왕자들과 호족들의 눈치를 보느라 여념이 없다가 갑자스레 사망했다. 이와 관련해 정사에서는 개경파인 왕규에게 간접적으로 혐의를 씌우고 있다. 야심이 많은 왕규가 자신의 딸이 낳은 광주원군을 왕위에 앉히기 위해 혜종에게 위해를 가한 것으로 보이게끔 만들었다. 혜종이 죽은 직후엔 왕규가 왕의 후원자였던 박술희를 처단하는 등 왕권을 향해 더욱 노골적으로 움직였던 것으로 나온다. 하지만 사전에 반란을 대비해놓은 왕요와 왕식렴 등이 반격을 가해 왕규를 없앴고, 왕요가 고려 제3대 왕의 자리에 오른다.

역사는 승자의 기록이라는 점을 간과할 수 없다. 당시 왕규는 왕권을 위협할 만큼의 군사적 기반을 갖추지 못했다. 상술했듯 오히려 왕요와 왕소, 서경파의 군사력이 왕권을 위협하고도 남음이 있었다. 이에 따라 왕규가 아닌 이들이 왕위 찬탈을 위해 혜종을 제거한 것 아니냐는 주장이 나온다. 그래서 일부 역사가들은 '왕식렴의 난'이라고도 부른다.

정종이 즉위한 후 서경 호족들의 힘이 비대해졌다. 이들을 대표하는 왕식렴의 권세는 왕권을 능가할 정도였다. 정종은 왕식렴 등 서경파의 도움이 없었으면 자신이 왕위에 오를 수 없었다는 점을 잘 알았던 만큼, 이들에게 고분고분했다. 때로는 과도하게 의존하는 모습을 보이기도 했다. 특히 정종은 왕식렴의 건의에 따라 수도를 개경에서 서경으로 옮길 것을 천명했다. 천도遷都를 하는 것은 결코 간단한 일이 아니었다. 그럼에도 정종은 왕식렴의 건의와 자신의 군사적 기반이 되는 패서경기도 북부 및 황해도 지역 호족들과 긴밀히 공조하기 위해 천도를 단행한다. 박수경 등 패서 지역 호족들은 정종이 왕규를 제거하고 왕위에 오를 때 적극 협조했다.

서경 천도를 단행하는 과정에서 대규모 장정을 징발했고, 개경의 민호民戶를 뽑아 서경을 채웠다. 이어 성을 건축하고 큰 궁궐을 짓기 시작했다. 문제는 곧바로 뒤따랐다. 부담이 컸던 백성들의 반발 움직임과 개경 이남 호족들의 비협조로 천도가 순조롭게 진행되지 못했다. 이런 가운데 정종 역시 석연치 않게 세상을 떠났다. 즉위 4년 만이었다. 기록에 따르면 정전인 천덕전에 벼락이 쳤는데, 이 소리에 놀란 정종이 시름시름 앓다가 왕위를 동생인 왕소에게 물려주고 죽었다고 한다. 일각에서는 정종이 왕소와 그의 외가 세력, 개경 호족, 정종에서 왕소 지지로 변심한 박수경 등에게 제거됐을 것이라는 추정도 나온다. 여하튼 949년, 고려 제4대 왕으로 왕소, 광종이 즉위했다.

7년의 암중모색

개경 호족 등의 권세를 등에 업고 왕위에 오른 광종은 첫 재위 7년 간949년~955년은 별다른 개혁 움직임을 보이지 않았다. 되레 호족들의 공로와 권세를 크게 인정하고 치하하며 밀착하는 모습을 보였다. 고려사는 "광종이 정국 초기에 공로가 있는 사람호족을 상고하고 네 번 공을 세운 사람에게는 쌀 25석을, 세 번 공을 세운 사람에게는 20석을, 두 번 공을 세운 사람에게는 15석을, 한 번 공을 세운 사람에게는 12석을 각각 하사하도록 하여 이것을 예식으로 삼았다"라고 전했다. 또한 광종은 호족들의 의견을 절대적으로 따랐다. 일례로 호족들이 정종 때 추진한 서경 천도가 무리수인 만큼 조속히 철회해야 한다고 보고했을 때 광종은 이를 즉각 수용했다. 이어 호족들이 거란 침입에 대비한 광군光軍 모집도 자신들의 사병 유출을 이유로 중단해야 한다고 했을 때, 광종은 이마저도 흔쾌히 받아들였다. 어찌 보면 이때 광종은 형인 정종보다 더 호족들에게 고분고분했다. 호족들은 새로운 왕이 민감한 사안들을 이의 없이 수용하자 왕을 얕잡아보며 방심하기 시작했다. 전임자들과 다를 바 없는 허수아비왕이 또 나왔다며 기뻐했다.

이 시기 광종은 어설프게 호족들을 배척했다가 되레 역공을 당해 불행한 결말을 맞을 수도 있다는 우려를 갖고 있었다. 일단은 몸을 바짝 낮추는 것이 상책이라고 생각했다. 혜종과 정종을 보며 충분히 학습한 측면도 있었다. 그러면서 훗날을 준비하는 '암중모색'暗中摸索 기를 가졌다. 광종은 제왕학의 교과서라고 불리는, 당 태종 이세민의 치세를 기록한 '정관정요'貞觀政要를 탐독했다고 전해진다. 정관정요를 가까이하게 된 배경은 특이했다. 광종 원년에 바람이 세차게 불어 궁궐에 있는 나무가 뽑혔다. 이를 예사롭지 않게 본 광종은 천문 관련 업무를 담당하는 관청인 사천대司天臺에 근무하는 최지몽에게 무슨 징조인지를 물었다. 최지몽은 제국에 재앙이 닥칠 수 있으니 왕이 덕을 쌓아야 한다고 했다. 수단으로는 저명한 고서들을 읽는 것이었고, 이때 '정관정요'가 거론됐다.

광종은 당 태종 이세민의 통치술을 마음속 깊이 새겼다. 훗날 자신이 추진해야 할 개혁 정책들도 구상했다. 암중모색기 7년 동안 역사에 길이 남을 광종의 정책들이 치밀하게 준비되고 구체화됐다. 그리고 광종은 재차 다짐했다. 왕권에 위협이 되는 호족 세력을 반드시 척결하겠다고. 어쩌면 광종은 이때 이미 개혁은 물론 호족 숙청에 대한 밑그림까지 그렸을 것으로 보인다. 광종의 이런 사정도 모른 채 호족들은 그저 막강한 권세와 안온한 삶을 즐기고 있었다. 자신들의 세상이 영원히 지속될 것이라고 착각했다. 하지만 무시무시한 광종 발 개혁 및 숙청의 열차가 서서히 다가오고 있었다.

거침없는 개혁

즉위 7년째 되는 956년, 별안간 광종은 신하들을 불러 모았다. 이어 충격적인 발언을 한다. 이 나라의 수십만 백성들이 삼한 통일 및 신라 말 수탈 과정에서 억울하게 희생돼 크고 작은 호족들의 노비가 됐으니, 그들을 자세히 조사해 노비의 사슬에서 풀어주고 양인良人의 지위를 회복해주겠다는 것이다. 그 유명한 '노비안검법'의 시행이었다. 실제로 그 당시 고려에는 호족들에게 부당하게 예속된 노비들이 상당했다. 광종은 이들이 신분을 회복하는 기회를 대놓고 허락해 줬고, 관련 절차도 매우 간단하게 만들었다. 가령 노비가 해당 관청에 가서 "나는 세습 노비가 아니요"라고 구두로 신고만 해도 노비에서 해방됐다.

이는 광종의 개혁정치 선언이자 호족들에 대한 선전포고였다. 노비는 호족들에게 매우 중요한 기반이었다. 평시에는 농사 등에 동원할 수 있는 경제적 기반이었고, 전시에는 사병으로 동원할 수 있는 군사적 기반이기도 했다. 호족들에게 경제력과 군사력을 동시에 가져다줬던 노비들이 자유롭게 된다는 것은 곧 호족들의 권력이 크게 약화된다는 것을 의미했다. 반면 노비에서 양인이 된 수많은 사람들이 국가에 세금을 내고 군대를 가게 됨으로써, 국가 재정 및 군역은 확충되는 효과가 나타났다. 광종 입장에선 정적 세력의 약화와 국가의 경제적, 군사적 기반 강화라는 '세 마리 토끼'를 동시에 잡을 수 있게 된 것이다.

당연히 호족들의 반발은 거셌다. 광종을 찾아가 노비안검법을 즉각 철회해달라고 요구했다. 심지어 호족들은 광종의 부인인 대목왕후 황보 씨도 활용했다. 황보 씨의 집안은 당시 황주 지역을 기반으로 한 명문 거족巨族이었다. 호족들의 요청을 받은 황보 씨는 광종을 찾아가 노비안검법의 철회를 요구했다. 자신의 남편이 아닌 호족들의 손을 들어준 것이다. 하지만 광종은 굴하지 않았다. 자신의 집권에 공이 많은 호족들과 외가의 요구를 모두 물리치고 노비안검법을 고수했다. 나아가 광종은 어사대御史臺의 관리와 측근들을 파견해, 노비들이 호족들의 간섭을 넘어 자유롭게 관청에 드나들 수 있도록 했다. 이어 호족들의 토지에서 농사를 짓는 노비 출신 양인들이 부당한 대우를 받지 못하도록 했다.

광종의 굵직한 개혁은 여기서 끝이 아니었다. 노비안검법 시행 2년 뒤인 958년, 광종은 호족들이 혀를 내두를 만한 또 다른 개혁안을 내놨다. '과거제'의 실시였다. 유교적 지식을 갖춘 능력 있는 자들을 '시험'을 통해 관리로 선발하겠다는 것이었다. 즉, 양인 이상이고 문장 실력이나 유교 경전에 대한 이해 등이 출중하면 누구든 국가의 중책을 맡을 수 있게 됐다. 이로써 고려에는 '문치주의'文治主義의 시대가 열렸다. 고려사에 따르면 "시, 부, 송 및 시무책국가 중요 사안에 대해 논하는 글으로 시험해 진사를 뽑았다"라고 나와있다. 과거제는 1894년 갑오개혁 때까지 940여 년 동안 존속한다. 광종에게 과거제를 건의한 인물은 '쌍기'였다. 그는 본래 중국 후주 지역 사람으로 956년 후주의 봉책사였던 설문우를 따라 고려에 왔다가 병이 나 타국에 계속 머물게 됐다. 완치된 후 광종의 눈에 띄어 귀화했고 한림학사에 임명됐다. 쌍기는 여러 차례 지공거_{과거시험을 주관하는 관리}를 맡았고, 훗날 거란의 소손녕과 담판해 강동 6주를 얻은 대단한 협상가인 서희 등을 선발하기도 했다.

광종은 과거제를 통해 두 가지를 노렸다. 첫 번째는 새로이 자신과 함께 할 '개혁 동지'를 찾으려고 했다. 실제로 과거제 실시 후 그의 친위 관료그룹이 빠르게 형성됐다. 두 번째는 노비안검법처럼 기존 호족들의 권세를 약화시키려고 했다. 이전까지 고려의 출세길은 능력 중심이 아닌 신분 중심이었다. 일반적으로 호족의 자제들이 주요 관직을 물려받았다. '음서제'蔭敍制였다. 그러나 과거제의 전면 실시로 이 같은 절대적 특권이 사라질 위기에 처했다. 호족들은 노비안검법 시행 때 못지않게 크게 반발했다. 광종은 반발을 어느 정도 의식한 듯 음서제를 완전히 폐지하진 않았다. 그럼에도 호족들은 과거와 비교할 수 없을 정도로 위축됐다. 개혁 정책은 계속 이어졌다. 광종은 관리들의 관복 제도도 제정했다. 이전까지 관리들은 조정에서 통일된 관복을 입지 않았다. 이제 관복제를 통해 고려의 관리들은 등급에 따라 자색_{자주색}, 단색_{적색}, 비색_{주홍색}, 녹색의 네 가지 색깔로 된 관복을 입게 됐다. 연이어 굵직한 개혁 정책들을 시행,

성공적으로 정착시키면서 광종은 정치적으로 큰 자신감을 얻게 된다.

한편 역사학계에선 광종의 개혁정책들을 '정치공학적'으로만 볼 수 없다는 의견도 많다. 노비안검법의 경우 애당초 양인이었던 사람들의 지위를 회복시켜줄 필요가 있었고, 과거제는 신라의 '골품제' 등 이전의 등용 방식이 사라진 만큼 새롭게 관리를 선발하는 기준이 필요해 만들어졌다는 것이다. 즉 시대의 변화에 따라 새로운 제도를 만들어 새로운 사회 건설을 도모하려 했다는 분석이다. 일련의 개혁정책들 외에 광종은 조선시대와는 비교할 수 없을 정도로 자주적인 모습을 보여주기도 한다. 중국을 의식해 대외적으로는 비교적 낮은 단계인 '국왕'을 칭했지만, 대내적으로는 '황제'를 칭하고 황제국 체제를 갖췄다. 이를 '외왕내제'外王內帝라고 한다. 그 일환으로 고려의 수도인 개경을 '황도'황제의 도읍라고 불렀고, '광덕'光德, '준풍'峻豊이라는 독자적인 연호를 사용해 고려의 고유한 기년紀年을 정했다. 또한 고려시대엔 신하들이 왕과 그 아들을 부를 때 각각 '폐하'와 '태자'라고 불렀다. 이는 조선시대의 '전하', '세자'와 크게 대비되는 것으로, 이 역시 고려의 황제국 면모를 확인할 수 있는 대목이다.

호족, 왕족 숙청

960년 이후부터 궁궐엔 불길한 먹구름이 밀려오기 시작했다. 강력한 입지를 다진 광종은 이때부터 개혁을 넘어 본격적으로 호족들을 내치기로 작심했던 것으로 보인다. 목표는 오로지 왕권 강화였다. 어쩌면 오랜 기간 마음속에 담아뒀던 생각을 드디어 실천에 옮긴 것이다. '공포 정치'의 서막이 올랐다. 숙청의 시작은 고려의 개국공신이었던 평농서사 권신이 참소를 하면서다. 그는 대상 준홍과 좌승 왕동 등이 역모를 꾸미고 있다고 보고했다. 광종은 마치 기다렸다는 듯 직접 나서서 '친국'親鞫을 단행했다. 준홍과 왕동은 혹독한 고문을 당한 후 멀리 유배를 떠났다.

참소의 위력이 확인됐기 때문이었을까. 이때를 기점으로 사회 도처에서 고변이 난무하게 된다. 아마도 광종이 호족 숙청의 명분으로 삼기 위해 암암리에 이를 조장했을 가능성이 높다. 고려사는 "종이 그 주인을 고소하고 자식이 그 아비를 참소하니, 감옥이 늘 넘쳐나 별도로 임시 감옥을 두었고 죄 없이 죽임을 당하는 자가 계속 생겼다"라고 전하고 있다. 참소가 이뤄지면 기다렸다는 듯 이에 해당하는 수많은 호족들에 대한 즉각적인 체포가 이어졌다. 체포된 호족들은 제대로 된 변호의 기회도 얻지 못한 채 일방적이고 혹독한 추궁을 당했다. 이후 그 죄상이 명백히 밝혀지지 않았음에도 참형을 당하는 경우가 허다했다. 그런데 이 시기 광종의 칼날은 비단 호족들만을 겨냥한 것이 아니었다. 왕족들도 무사하지 못했다. 특히 앞선 두 왕혜종, 정종에게 각각 흥화궁군과 경춘원군이라는 외아들이 있었는데, 광종은 이들을 의심해 잇따라 처형했다. 태조 왕건의 15 서자인 효은 태자 등도 비슷한 운명을 맞았다.

광종의 숙청이 도를 넘어서자 호족들은 반발하기 시작했다. 이에 광종은 신변의 위협을 느꼈고, 궁궐 수리를 명목으로 당시 당숙이었던 왕육의 집으로 이주했다. 일시적으로 숙청도 중단되면서 호족들은 한숨을 돌릴 수 있었다. 하지만 광종은 결코 포기하지 않았다. 암중모색기 때처럼 조용히 칼을 갈았다. 이로부터 3년 뒤인 964년. 광종은 다시금 움직이기 시작했고, 숙청의 피바람도 재차 불어닥쳤다. 2차 숙청의 발단은 광종도 함부로 대하지 못할 것처럼 보였던 박수경 가문이었다. 상술했듯 박수경은 평주평산 지역을 기반으로 강력한 군사력을 보유하고 있던 호족이다. 태조 왕건의 장인이며 정종의 즉위에 큰 공을 세웠고, 광종의 강력한 지지세력으로도 여겨졌다. 이러한 박수경 가문이 광종이 설치한 숙청의 덫에 고스란히 걸려들었다. 박수경의 세 아들인 좌승 박승위, 박승경과 대상 박승례가 참소를 당해 감옥에 갇혔다. 참소의 내용은 현재 전해지지 않지만, 다른 호족들처럼 박수경의 아들들도 광종의 숙청에 크게 반발해 반란을 도모했다는 내용이 담겼을 것으로 추정된다. 세 아들들은 끝내 불행한 운명을 맞았고, 아버지 박수경은 화병이 나서 죽었다.

　뒤이어 청주의 대표적인 호족이자 청주원부인과 정종비 청주남원부인의 친아버지인 원보 김긍률이 숙청됐다. 김긍률의 경우 박수경의 세 아들들 사건에 연루된 혐의를 받았다. 광종은 후환을 없애기 위해 김긍률의 후손들도 모조리 죽였다. 광종 집권 초, 자연현상을 해석해 왕이 정관정요를 탐독하게 만들었던 최지몽도 술에 취해 실언을 했다는 이유로 강등된 후 외지로 쫓겨났다. 태조의 7번째 아들이자 성종 대에 왕대종으로 추존된 왕욱도 이때 광종에게 숙청됐을 것으로 추정된다. 심지어 광종은 자신의 외아들인 태자 왕주를 의심하기도 했다. 호족들이 태자를 등에 업고 반란을 일으킬 수도 있음을 과도하게 경계했던 것이다. 이에 따라 왕주는 훗날 왕위경종에 오를 때까지 숨죽이며 살아야 했다. 명문 거족 출신인 광종의 부인 대목왕후 황보 씨도 광종의 의심과 경계에서 자유롭지 못했다. 대표적인 인물들 외에도 무수히 많은 호족과 일부 왕족이 잇따라 죽임을 당하거나 배척을 받았다.

살벌한 숙청과 의심 및 경계를 기반으로 한 광종의 공포 정치는 무려 10년 간 이어졌다. 그 결과 태조 때 3200여 명에 달했던 삼한 공신이, 광종 말년에 고작 40여 명에 불과했다고 전해진다. 훗날 최승로는 "형장에 연루된 자들은 대부분 죄가 없는 이들이었으며, 역대의 훈신과 노장들이 모두 죽임을 면하지 못하여 사라져 갔다"라고 전했다. 무고한 죽음만이 문제가 아니었다. 이의 여파로 사회 곳곳에서 불신과 음모가 판을 친 것이 더 큰 문제였다. 비대해진 호족들을 제어해 왕권을 강화하는 것도 필요했지만, 그 제어의 강도가 심히 지나쳐 커다란 부작용을 낳은 셈이었다. 다만 광종은 본인이 목표로 했던 왕권 강화는 확실히 이뤄냈다.

광종은 살 날이 얼마 남지 않은 말년에 이르러선 이전과 확연히 달라진 모습을 보인다. 공포정치를 중단하고 불교에 귀의해 지난날을 반성했다. 고려사는 "왕이 참소를 믿고 사람을 많이 죽였으므로 속으로는 스스로 회의하여 죄악을 씻어보고자 재의齋儀를 널리 베풀었다. 이에 무뢰배가 거짓으로 출가하여 배를 불리고자 하였고 구걸하는 자들도 줄지어 모여들었다. 가끔 떡과 쌀, 콩과 땔감을 서울과 지방의 길거리에서 나누어주곤 하였는데 그 수를 헤아릴 수 없는 지경이었다. 방생하는 곳을 많이 설치하고 근처 사원에 나아가 불경을 강연하게 하였으며, 도살을 금하였으므로 왕의 반찬으로 쓸 고기도 시전에서 사다가 올렸다"라고 전했다. 광종은 975년 5월에 생을 마감했다. 빛과 어둠이 극단적으로 공존했던 광종의 치세가 비로소 종료됐고, 그의 외아들인 왕주가 20세의 나이로 고려 제5대 왕으로 즉위했다.

후과後果

광종의 뒤를 이어 즉위한 왕주, 경종은 아버지 광종이 행했던 공포정치에 심한 환멸을 느꼈던 것으로 보인다. 어찌 보면 본인도 이 같은 정치의 피해자라고 할 수 있었기 때문에 더욱 그랬다. 경종은 귀양 간 신하들을 풀어주고 복직도 허용했다. 임시 감옥들은 모두 헐어버렸으며 참소한 글들도 대거 소각했다. 조세와 공납도 감면했다. 일종의 대사면령이자 대통합 정책이었다. 흉흉한 민심을 달래보고자 효자 표창도 하는 등 백성들에게 부모에 대한 효도도 적극 권장했다. 말도 많고 탈도 많았던 시대를 지나 무난한 시대가 도래할 것처럼 보였다.

경종은 호족 출신인 왕선을 큰 권력을 갖는 재상집정에 임명해 위의 정책들을 지속적으로 추진해나가려 했다. 왕선이 광종 때 탄압을 받았던 호족들을 어느 정도 대변하는 인물로 여겨졌던 만큼, 그를 통해 호족들을 달래려 한 측면도 있었다. 하지만 광종이 어렵게 왕권을 강화했는데, 다시금 호족에게 과도한 권력이 돌아가는 빌미가 마련될 위험성이 있었다. 더 큰 문제는 왕선이 갖고 있는 정책 관련 생각이었다. 그의 생각은 경종의 그것과는 상반됐다. 어느 날 왕선은 경종을 찾아와 대사면령과 대통합 정책으로는 그동안 쌓인 호족들의 원한을 결코 풀어줄 수 없을 것이라고 강조했다. 이유는 광종 때 피바람을 주도한 인물들이 버젓이 살아 부귀영화를 누리고 있기 때문이라고 했다. 광종 시절 과거제를 통해 조정에 들어온 신진관료들이 주도자로 규정됐다.

경종이 해법은 무엇인지를 묻자 왕선은 또다시 피바람을 예고하는 발언을 한다. 광종 대의 피해자들이 합법적으로 가해자들에게 복수를 할 수 있도록 하자는 것이었다. 일종의 '복수법' 제정이었다. 경종은 처음엔 반대했다. 본인의 시대엔 전향적인 모습을 보여주려 했는데, 다시 과거로 회귀할 순 없었다. 그러나 왕선의 의견을 전해 들은 다른 호족들이 들고일어나 경종에게 복수법 제정 및 시행을 강하게 압박했다. 경종은 호족들의 등쌀에 못 이겨 이를 마지못해 허용했다. 왕선과 호족 세력은 마치 물 만난 고기들처럼 광종 때 잘 나갔던 신진관료들을 대거 숙청하기 시작했다. 명백히 사사로운 감정이 개입됐음에도 복수법을 들먹이며 죽였다. 신진관료들도 가만히 있지 않았다. 그들도 복수법을 이용해 합법적으로 호족 세력을 공격했다.

　시간이 갈수록 복수법 제정의 폐해는 극심해졌다. 복수라는 미명 하에 길거리에서 아무 이유 없이 맞아 죽는 사람들이 늘어났고, 대신 복수를 해주겠다며 폭력적인 돈벌이에 나서는 풍조도 생겼다. 암담한 상황이 무려 1년 가까이 지속되며 국가의 질서는 크게 흔들렸다. 그러던 중 태조의 제11비 천안부원부인 임 씨의 소생인 효성태자와 제10비 숙목부인의 소생인 원녕태자가 복수법을 내세운 일부 호족들에 의해 무참히 살해되는 사건이 발생했다. 이유는 두 태자가 광종의 호족 숙청을 지지했다는 것이다. 두 태자는 광종 때에 참소를 당한 적이 있었지만, 아무 탈없이 살아남았다. 그만큼 입지가 탄탄했던 이들을 호족 세력이 사전에 경종에게 보고도 하지 않고 죽였던 것이다.

　경종은 큰 충격을 받았고, 상황 개선의 필요성을 절실히 느꼈다. 그는 왕선과 측근 호족들을 태자 피살의 책임을 물어 유배를 보냈으며, 앞으로 그 누구도 복수법을 악용해 사사로이 살인을 할 수 없다고 천명했다. 복수법이 폐지된 것이다. 광종이 어렵게 다진 국가의 기틀을 경종은 왕선 중용과 복수법 제정이라는 어이없는 실책을 통해 일순간 무너뜨릴 뻔했다. 최승로는 경종에 대해 "정치의 도리를 알지 못해서 권호에게 오로지 정권을 맡겼으므로 피해가 종친에게까지 미쳤다. 재앙의 징조가 먼저 나타나, 비록 뒤에 깨닫고 뉘우쳤으나 책임을 돌릴 길이 없었다. 이로부터 거짓과 참이 분별되지 않고 상과 벌이 일치하지 않아 잘 다스려지지 못했다"라고 평했다.

복수법 폐지 후 경종은 한 사람에게 권력이 집중되는 것을 막기 위해 기존의 집정제를 좌우 집정제로 변경했다. 아울러 좌우 집정에게 왕명을 출납하는 내사령의 책무까지 맡김으로써, 왕의 뜻이 신하들에게 효율적으로 전달되게 하려 했다. 이후 전시과를 시행해 관료들의 급여체제를 확립했고, 광종처럼 과거제도도 활성화해 인재를 널리 등용하려 했다. 이처럼 복수법 충격으로 각성한 경종은 한동안 국가를 안정직으로 운영했다. 그러나 말년에 접어들어선 여색과 바둑에만 몰두하며 국정을 등한시하는 모습을 나타냈다. 경종 이후 성종 대에 이르러선 광종이 이뤄놓은 개혁들이 퇴색하는 모습도 보였다. 성종은 광종 대에 해방된 노비들을 다시 노비로 되돌리는 '노비환천법' 奴婢還賤法을 제정했다. 해방된 노비들이 옛 주인을 경멸하는 풍습이 생겼다는 것이 이유였다. 시간이 갈수록 환천규정은 강화됐다. 현종 대엔 환천 된 노비가 다시 양민으로 속량 되고자 하면 매로써 다스린 뒤 얼굴에 흠을 내어 죄명을 찍어 넣는 '삽면' 鈒面까지 시행했다. 다만 이후 문벌귀족 사회의 붕괴와 그에 따른 신분질서의 동요가 나타났고, 자연스레 노비들의 신분해방을 위한 민란으로 확산됐다.

03
고려 무신들의 '문신 숙청'
쌓인 시체가 산과 같았다

문신들의 씨를 말린 무신정변 전말

무신정변 때 의종이 유폐됐다는 '경남 거제 둔덕기성'. 두산백과사전

"이에 승선 이세통, 내시 이당주, 어사 잡단 김기신, 사천감 김자기, 태사령 허자단 등 모든 호종한 문관 및 대소신료, 환시가 모두 해害를 만나매, 쌓인 시체가 산과 같았다. 처음에 정중부, 이의방 등이 약속하기를 우리들은 오른 소매를 빼고 복두頭를 벗을 것이니, 그렇지 않은 자는 다 죽여라라고 하였으므로 무인으로서 복두를 벗지 않은 자 또한 많이 피살되었다. 왕이 크게 두려워하여 그 뜻을 위로하고자 제장諸將에게 칼을 하사하니, 무신들이 더욱 교만해져서 횡포하였다." _『고려사절요』中

10세기 이후 '문치주의'文治主義를 근간으로 하는 고려 사회를 뿌리째 뒤흔드는 정변이 발생했다. 당시 정3품 상장군인 정중부와 견룡행수 이의방, 이고 등을 중심으로 한 무신들이 조정의 문무 요직을 장악하고 경제력마저 독점하고 있던 문신들을 왕 앞에서 대거 척살했다. 그동안 중앙정치 무대에서 소외되고 문신들의 등쌀에 온갖 수모를 당했던 무신들이 더 이상 참지 못하고 정변을 단행한 것이다. 무신들의 정변과 숙청 작업은 매우 가혹하게 진행돼 "문신과 환관의 씨가 말랐다"라는 말이 나올 정도였다. 피바람을 일으키며 권력을 잡은 무신들은 이후 100년 간 집권했다. 이른바 '무신집권기'였다. 정제되지 못하고 거칠었던 무신들은 힘으로 모든 상황을 통제하려 했고 왕권을 유린했으며 상호 간 치열한 권력 투쟁을 벌이기 일쑤였다. 이에 무신집권기 내내 왕은 허수아비에 불과했고 최고 권력자는 계속 바뀜에 따라, 고려는 혼란의 도가니에서 좀처럼 빠져나오지 못했다.

무신정변과 문신숙청은 고려 사회의 성격을 크게 변화시켰다. 우선 그동안 이어졌던 문과 기풍과 지식수준이 크게 후퇴했다. 이는 결과적으로 국가 발전을 더디게 만들었다. 비록 최씨 무신정권 때 다소 나아지긴 했지만, 무신정변 이전과 비교할 수는 없는 것이었다. 또한 문벌귀족에서 무신으로 집권 세력이 '완전히' 교체됐다. 그동안 고려 계급사회의 하층부에 있던 무신이 상층부의 문벌귀족을 끌어내리고 집권한 것인데, 이는 집권 세력의 연결성이 전혀 없는 교체였다. 국내 역사를 살펴보면 훈구파–사림파 등 집권 세력의 교제가 이뤄져도 어느 정도의 연결성은 항상 존재했었다. 하지만 극히 이례적인 경우가 발생한 것이다. 끝으로 이때를 계기로 고려의 군사력도 쇠퇴했다. 수많은 반란과 지방에 대한 통제력 약화 등으로 집중화된 군사력이 사실상 불가능해졌다. 문신들의 씨를 말리며 고려 사회의 근간을 뒤흔들었던 '무신정변 및 문신숙청' 전말을 되돌아봤다.

문신 득세와 역학 관계

건국 초기만 해도 고려는 무신들이 득세했다. 통일 전쟁기를 거치면서 자연스레 나타난 현상이었다. 태조 왕건의 주변에는 건국에 일조한 수많은 무신들이 있었고, 이들은 이른바 '공신'功臣 세력을 형성해 갓 태어난 고려 왕조의 중심에 위치했다. 특히 2대 왕 혜종과 3대 왕 정종 교체기에 무신들이 대거 동원돼 정치적 변화를 주도하며 그 영향력을 입증하기도 했다.

그러나 4대 왕인 광종 대에 이르러 변화의 바람이 불기 시작했다. 광종은 왕권을 강화하고 비대해진 무신들의 영향력을 제어하기 위해, 중앙정치 무대에서 무신들을 배제하고 문신들을 대거 등용하거나 요직에 앉혔다. 문신들의 대표적인 정계진출 통로인 '과거제'도 이때 처음 시행됐다. 학계에서는 이때 '문치주의'의 시대가 열렸다고 평하기도 한다. 과거제를 통해 정계에 진출한 문신들은 자신들 본연의 영역에만 머무르지 않고 무신들의 영역도 잠식했다. 바로 군 지휘권을 가졌는데, 전시 상황에서 문신 정2품의 평장사가 상원수로 임명돼 총사령관이 됐다. 무신은 최고위직인 상장군이 부원수가 돼 문신의 지휘를 받았다. 문신 출신이지만 무신으로써의 역할도 훌륭하게 수행해 역사에 이름을 남긴 대표적인 인물들은 서희, 강감찬, 윤관 등이다. 특히 강감찬은 거란을 물리친 귀주대첩, 윤관은 여진

정벌과 동북 9성 개척으로 유명하다.

문신들이 무신의 역할도 겸할 수 있었던 비결은 우선 과거
제에서 찾을 수 있다. 과거제에서는 비단 유교 경전에 대한 이
해뿐만이 아닌 군사 전략에 대한 이해도 요구했다. 자연스레
문신들은 웬만한 무신들보다 탁월한 군사적 지략을 확보할 수
있었다. 반면 무신들은 과거제처럼 체계적인 선발 방식이 존재
하지 않았다. 이렇다 보니 그저 기골이 장대하고 무력이 좋은
인물들을 어느 정도의 관직에 특별 채용해주는 방식이 주를 이
뤘다. 고려 시대에는 전쟁이 끊이지 않았기 때문에 이런 방식
으로 배출된 무신들이 많았다. 하급 무신들은 중하층 지배층인 지방 향리 출
신들이 다수였다. 문신들에 비해 지식과 교양, 군사적 지략이 부족했
던 만큼, 무신들은 자연스레 문신들의 밑에서 활약했다. 관직
도 정2품 이상은 감히 넘볼 수 없었고, 정3품 상장군이 무신들
이 올라갈 수 있었던 최대치였다. 평시에 군사들을 훈련시키는
등의 궂은일은 다했으면서도 말이다.

이처럼 문신들의 힘이 대체로 강하긴 했지만, 정치적 이유
로 인해 문신과 무신 간에는 복잡한 역학 관계가 존재하기도 했
다. 즉 군왕의 성향과 사건 등에 따라 어느 때에는 문신이, 또
어느 때에는 무신이 힘을 얻는 경우가 혼재했다는 것이다. 특

히 여진 정벌, 이자겸의 난 등을 전후로 무신들의 중요성이 부각돼 세력이 커지는 경우도 발생했다. 무신정변을 촉발시킨 고려 제18대 왕 의종도 즉위 초에는 비대해진 문벌귀족문신 세력을 견제하기 위해 무신들을 중용하는 모습을 보였다. 대표적인 것이 바로 순검군, 견룡군이다. 이는 군왕을 지근거리에서 보좌하는 호위 부대였는데, 여기에 훗날 무신정변의 주역이 되는 정중부, 이의방, 이고 등 주요 무신들을 선발해 사실상 친위 세력으로 만들었다.

무신들의 수모

하지만 근본적으로 힘의 우위는 문신 쪽에 있었다. 때에 따라 무신들이 힘을 얻기도 했지만, 태생적인 한계가 명백했다. 시간이 갈수록 무신들을 향한 문신들의 배척과 하대도 심해졌다. 즉위 초 무신들을 배려하는 듯했던 의종도 어느덧 문신들에게만 힘을 실었다. 더욱이 의종이 키운 환관들의 안하무인眼下無人적인 횡포도 도를 넘어섰다. 이들은 궁궐에서 사역하는 거세된 내관이었다. 중국의 경우 환관 정치가 빈번했지만, 우리나라는 좀처럼 나타나지 않다가 고려 의종 대에 유독 두드러졌다. 의종은 환관이 중심이 된 친위 세력을 만들어 왕권을 강화하려 한 것으로 보인다. 이에 따라 궁궐 안팎에서는 "권세가 환관에게 있다"라는 말이 공공연한 사실로 받아들여졌다. 환관정함의 집은 200여 칸에 달했고, 우뚝 솟은 누각은 찬란하게 채색돼 궁궐과 흡사했던 것으로 전해진다. 내시들은 환관들과 밀접하게 지내면서 의형제를 맺었고, 함께 백성들의 재물을 탈취해 왕에게 아첨하는 짓을 일삼았다.

의종은 즉위 말년에 이르러 문신 및 환관들과 사치스러운 연회도 자주 즐겼다. 사치의 정도는 매우 심했다. 특히 뱃놀이를 할 때 50여 척의 배에다 채색 비단으로 만든 돛대를 달기도 했다. 연회에 막대한 재정이 투입되다 보니 왕실의 재산은 빠르게 고갈됐다. 의종은 이를 충당하기 위해 신하들의 집을 빼앗거나 환관을 시켜 백성들의 토지도 강탈했다. 군왕으로써 '해서는 안 될' 행동을 서슴지 않았다. 그런데 이때 무신들은 무엇을 했을까. 무신들은 그저 수모와 하대를 묵묵히 감내해야 했다. 무신들은 연회 자체에 결코 참가하지 못했고, 바깥에서 호위병의 역할만을 수행했다. 무신들의 상대적 박탈감과 문신, 환관, 의종에 대한 분노는 쌓여만 갔다. 그러다가 두 인물을 중심으로 무신들의 심상치 않은 움직임이 나타나기 시작한다. 그 주인공은 바로 견룡행수 이의방과 이고였다. 이들은 좀처럼 화를 참지 못하고 '정변 모의'를 하게 된다.

다만 곧바로 정변을 일으키기엔 이들의 직급이 낮은 편이었다. 이의방과 이고는 정변을 함께 할 만한 고위 무신을 찾아다녔다. 그 결과 직급이 높고 강단도 있는 우학유를 만나게 된다. 이의방과 이고는 그동안 무신들이 겪은 수모를 구구절절 나열한 후 단도직입적으로 정변을 일으키자고 제안했다. 그러나 우학유의 생각은 달랐다. 그는 무신들이 분한 것은 충분히 이해하지만, 만약 문신들이 해를 당하면 그 화가 무신들에게도 미칠 수 있으니 정변을 삼가야 한다고 말했다. 이의방과 이고가 그렇지 않다며 계속 설득해도 우학유는 시종일관 본인의 뜻을 접지 않았다.

우학유 설득에 실패한 이의방과 이고는 어쩔 수 없이 다른 인물을 찾아 나섰다. 그들의 눈에 들어온 것은 정중부였다. 당시 정중부는 무신 가운데 최고위급에 속하는 정3품 상장군이었다. 그는 외모도 남달랐다. 고려사에선 정중부에 대해 "용모가 웅장하고 뛰어났으며 눈동자가 네모나고 이마가 넓었다. 살결이 희고 수염이 아름다웠으며 신장이 7척이나 되어 그를 바라보는 것이 두려울 정도였다"라고 나와있다. 그나마 정중부는 우학유보다 설득 가능성이 높았다. 그가 과거에 문신인 김돈중으로부터 아름다운 수염이 촛불로 태워지는 수모를 당한 적이 있었기 때문이다. 당시 김돈중은 갓 조정에 들어온 새내기 문신에 불과했다. 그런 그가 섣달그믐 연회 자리에서 노장인 정중부의 수염을 태우는데도 문신들은 그저 웃고 즐길 따름이었다. 왕인종도 김돈중을 혼내지 않고 그저 상황을 지켜보고 있었다. 이렇게 된 데에는 무엇보다 김돈중의 막강한 배경이 작용했다. 그는 '삼국사기'의 저자이자 문신의 최고봉인 문하시중 김부식의 아들이었던 것이다.

하지만 정중부는 화를 참지 못하고 그 자리에서 김돈중을 주먹으로 때려눕혔다. 그러자 김돈중은 아버지 김부식을 찾아가 일러바쳤고, 김부식은 곧바로 인종에게 달려가 정중부를 엄벌에 처해달라고 요구했다. 김부식의 권세가 막강했던 만큼 인종도 일단 수용하는 듯했다. 다만 인종은 김돈중이 먼저 잘못한 것을 알고 있었고 정중부를 아꼈기 때문에, 그를 처벌하는 체하면서 피신시켰다. 김돈중이 무신들을 화나게 만든 사건은 이뿐만이 아니다. 1167년 연등회 날 밤, 김돈중은 실수로 근위병과 부딪혔는데, 이로 인해 근위병의 화살이 의종의 수레에 떨어졌다. 의종과 문신들은 이것을 암살 시도로 오해했다. 그런데 김돈중은 본인의 실수를 밝히지 않고 근위병 무신에게 누명을 씌웠다. 해당 무신은 유배를 갔고, 훗날 무신정변에 가담한다. 일련의 과정을 거치면서 문신들에 대한 정중부의 원한은 매우 커졌다. 이의방과 이고는 바로 이 점을 노리고 정중부와 접촉할 기회를 엿보았다. 그러다가 기회가 찾아왔다. 1170년 4월, 의종이 화평재和平齋로 행차했을 때 경치가 좋은 곳에 다다르자 문신들과 또다시 연회를 벌이기 시작했다.

이 때도 무신들은 상장군부터 일개 병사에 이르기까지 호위병의 역할만을 수행했다.

정중부는 오랜 시간 호위를 하다 지쳐 잠시 자리를 비웠다. 이를 본 이의방과 이고는 신속히 그를 뒤쫓아갔다. 마침내 정중부와 이의방, 이고가 마주 서게 됐다. 정중부가 무슨 일이냐고 묻자 이의방과 이고는 조심스럽게 거사의 필요성을 역설했다. 그들이 내세운 명분은 "문신들은 밤새 마시고 배불리 먹고 있는데, 무신들은 굶주리고 피곤한 세월이 계속되고 있으니 더이상 참을 수 없다"는 것이었다. 정중부는 이 주장에 충분히 공감했다. 문신들이 지나친 특권을 누리고 있었고, 상술했듯 정중부 본인이 과거 새내기 문신에게 수모를 당한 기억이 생생했기 때문이다. 그러나 정중부는 신중했다. 일단 상황을 좀 더 지켜보고 숙고하자고 답했다. 명분에 공감은 하지만, 섣불리 정변을 일으켰다간 역공을 당할 것을 우려했다. 이때까지는 정중부도 우학유와 비슷한 생각이었다.

정변의 도화선

만약 이후에 상황이 개선됐다면 정중부가 정변에 동의하지 않았을 가능성이 높다. 하지만 화평재 행차 이후에도 의종의 사치스러운 연회는 계속됐고, 문신들의 오만함과 무신들의 수모는 이어졌다. 이전과 비교해 상황은 전혀 달라지지 않았다. 오히려 의종의 총애에 기대 함부로 나대는 환관과 문신들의 안하무인적인 행태는 더욱 심화됐다. 정중부의 인내심도 한계점에 다다랐다. 이대로 가다간 본인과 무신들의 미래가 매우 암울할 터였다. 결국 1170년 8월, 정중부는 이의방, 이고 등을 불러 정변을 단행하자고 말했다. 이의방과 이고는 기다렸다는 듯 흔쾌히 동의하며 곧바로 정변 실행 계획을 세웠다.

이들은 의종이 개경의 덕적산 남쪽에 있는 흥왕사로 행차하는 날에 주목했다. 이 행차 날에 의종은 소수의 호위 부대만을 대동하기로 했는데, 이 호위 부대의 핵심이 바로 이의방이 이끄는 '견룡군'이었다. 이 같은 기회는 두 번 다시 찾아오기 힘들 것처럼 보였다. 다만 정중부, 이의방 등이 흥왕사에서 곧바로 정변을 일으키는 것은 곤란했던 것으로 보인다. 대신 그 이후를 노렸다. 의종이 흥왕사에서 보현원으로 이동한다면 그곳에서 정변을 단행하기로 했다. 보현원은 사찰이었지만, 의종이 연못을 만들고 자주 놀이하던 장소였다. 보현원에는 견룡군 이외의 별도 친위군인 순검군이 있었다. 이의방과 이고는 이미 순검군의 수장을 포섭해 놓은 상태였다. 정중부, 이의방 등은 의종이 보현원으로 이동할 가능성을 높게 보고 준비했다. 하지만 만에 하나 의종이 흥왕사에서 궁궐로 바로 환궁한다면 일단 정변을 연기할 계획이었다.

고려 운명의 여신은 전자를 선택했다. 의종은 보현원으로 이동하기로 했다. 정중부, 이의방, 이고 등의 눈빛은 살기를 띠었다. 의종과 문신, 환관들은 무신들의 계획을 전혀 모른 채 보현원으로 열심히 이동했고, 가는 도중에 오문五門 앞에 이르렀다. 그런데 이곳에서 의종이 별안간 무신들로 하여금 '오병수박희'五兵手搏戲를 하라고 명했다. 이는 무신들 간에 무예를 겨루는 대회였다. 의종은 대회 관전을 즐기려 했던 것일 수 있지만, 나름대로 무신들의 노고를 풀어주려 했던 것일 수도 있다. 보통 이런 대회는 무신들의 사기를 북돋우고, 우수한 활약을 선보인 무신들의 정계 진출 통로가 되기 때문이다. 그러나 오랜 시간 호위에 지쳐있던 무신들에게 오병수박희는 또 다른 노고가 될 수 있었다. 문신 및 환관들은 무신들의 처지는 아랑곳하지 않고 그저 술을 마시며 즐겁게 관전할 것이었다.

엎친 데 덮친 격이라고 해야 할까. 바로 이 자리에서 사실상 무신정변의 '도화선'導火線이 되는 중요한 사건이 발생한다. 당시 나이가 많은 종3품 대장군인 이소응이 본인의 의사와는 무관하게 오병수박희에 참가하게 됐다. 이소응은 젊은 무신과 맞붙었는데, 경기 도중 체력이 저하돼 퇴장하려고 했다. 이때 환관인 한뢰가 그 앞에 나와 패기가 없다며 노장군의 뺨을 후려쳤다. 물리적인 충격으로 이소응은 섬돌 아래로 떨어졌다. 그러자 의종과 문신들은 손뼉을 치며 크게 웃었다. 이를 본 무신들은 그 어느 때보다 큰 충격을 받았다. 이의방과 이고 등은 당장이라도 칼을 뽑으려고 했다. 하지만 정중부가 일단 눈짓으로 말렸다. 그는 한뢰 앞으로 가서 "이소응이 비록 무신이나 벼슬이 종3품인데, 어찌 너 같은 놈이 심하게 모욕을 주느냐"라며 크게 꾸짖었다. 환뢰는 이소응보다 직급이 낮은 종5품이었다. 이에 의종과 문신들의 웃음기는 완전히 사라졌고, 대회장은 살얼음판을 걷는 분위기였다. 의종이 직접 나서서 정중부를 진정시킴에 따라 오병수박희에서의 험악한 상황은 간신히 수습될 수 있었다.

무신정변과 문신숙청

그러나 이제 주사위는 던져진 셈이었다. 오병수박희 사건 직후 이의방과 이고는 즉시 행동에 들어갔다. 그들은 행차와는 별도로 움직였고, 먼저 보현원에 들어가 거사를 준비했다. 우선 왕명이라고 둘러대며 보현원에 있던 순검군을 집합시켰다. 상술했듯 이의방과 이고는 순검군의 수장을 이미 포섭해 놓았다. 이의방 등의 명령만 있으면 견룡군은 물론 순검군도 언제든 행동에 들어갈 태세였다. 얼마 안 가 의종과 문신, 환관들이 보현원 내부로 들어왔다. 곧 불어닥칠 비극적인 피바람을 전혀 눈치채지 못한 채 말이다. 이후 의종은 안쪽에 있는 침소로 들어갔고, 나머지 문신들은 각자의 처소로 물러나려고 했다. 그

순간, 순검군과 견룡군을 동원한 이의방, 이고 등이 문신들에게 무차별적인 칼부림을 하기 시작했다. 임종식과 이복기 등 수많은 문신들이 죽임을 당하면서, 보현원은 순식간에 '아비규환'阿鼻叫喚의 현장이 됐다.

　이를 본 한뢰는 공포감에 사로잡혀 보현원 안쪽의 의종 침소로 달려갔다. 그런 다음 다짜고짜 왕의 침상 아래로 숨었다. 의종은 아직 상황 파악이 안 된 상태였다. 바깥에서 문신들을 대거 척살한 이의방과 이고 등은 한뢰를 쫓아 왕의 침소로 들이닥쳤다. 이제야 상황을 파악한 의종은 무신들에게 즉시 물러가라고 명했다. 하지만 무신들은 왕의 명을 대놓고 무시했고, 한뢰를 빨리 내놓을 것을 요구했다. 의종이 이를 계속 거부하자 무신들은 강제로 한뢰를 끌어내려했다. 한뢰는 의종의 용포를 붙들고 간신히 버티고 있었다. 보다 못한 이고가 나섰다. 그는 의종이 보는 앞에서 무자비하게 칼을 휘둘렀고, 그 즉시 한뢰는 사망했다. 왕 앞에서 아무렇지 않게 칼부림을 하는 것에 놀란 왕의 측근무관 김석재는 "이고가 감히 어전에서 칼을 빼어 들었느냐"라며 책망했다. 이에 대해 이의방이 눈을 부릅뜨고 꾸짖자, 김석재는 바로 입을 다물었다. 한뢰를 척살한 무신들은 의종을 감금했고, 바깥에서 미처 다 죽이지 못한 문신들을 찾아다니며 죽였다. 이때 무신들은 피아식별을 위해 우측 어깨를 내놓고 머리에 복두를 벗었다. 문신들은 물론 비슷한 복장을 하지 않은 무신들까지도 죽였다.

그런데 문제가 생겼다. 갑자기 한 무신이 정중부와 이의방에게 "김돈중이 이번 일을 먼저 알고 개경으로 도망갔다"라고 외쳤다. 이는 무신들을 큰 곤경에 빠뜨릴 수 있었다. 만약 김돈중이 개경으로 가서 태자를 만나 정변을 고한 후 이를 진압할 관군이 신속히 편성된다면, 규모 측면에서 밀리는 무신들은 사실상 궤멸될 가능성이 높았다. 상황의 심각성을 인지한 이의방은 "만약 그렇게 된다면 나는 남쪽으로 가서 바다에 몸을 던지거나 아니면 북쪽으로 가서 거란족에게 투신해 피하겠다"라고 말했다. 시간이 좀 지나 간신히 평정심을 되찾은 정중부와 이의방 등은 일단 날렵한 자를 선발해 김돈중의 집에 급파하기로 했다. 선발된 사람은 먼 길을 단숨에 내달려 김돈중의 집에 도착, 염탐을 시작했다. 김돈중이 집에 있거나 집을 거쳐갔으면 우려했던 일이 현실화되는 것이었다. 특별한 인기척은 없었다. 다른 사람에게 김돈중의 행방을 물으니 "어가를 호종하느라 아직 집에 돌아오지 않았다"라는 답이 돌아왔다. 무신들의 입장에서는 천만다행이었다. 이 소식을 접한 정중부와 이의방 등은 크게 기뻐하며 "일은 이미 성공했다"라고 외쳤다. 이때 김돈중은 김악산으로 도망가 몸을 숨겼었다. 그러나 자신이 데리고 있던 사람의 밀고로 동생 김돈시와 함께 정중부 부하들에게 체포됐다. 김돈중과 김돈시는 무자비하게 얻어맞고 처형된 후 온몸이 절단돼 저잣거리에 버려졌다. 김돈중의 아버지 김부식의 묘도 파헤쳐져 부관참시를 당했다. 정중부는 과거 김부식 부자에게 당한 수모를 제대로 갚아준 것이다.

한편 김돈중의 행방을 파악한 정중부와 이의방은 곧바로 후속 조치에 들어갔다. 우선 정중부는 보현원에 남아 의종을 감시하기로 했고, 이의방과 이고 등은 개경으로 진격해 궁궐을 장악하기로 했다. 이의방, 이고의 군사들은 매우 빠르게 진격, 순식간에 개경으로 진입했다. 이때부터 보현원 숙청을 능가하는 피의 살육이 벌어진다. 그들은 우선 감옥인 가구소에 쳐들어가 별감 김수장을 죽였다. 뒤이어 궁궐로 진입해 숙직하고 있던 주요 관료들을 모조리 척살했다. 추밀원부사 양순정, 사천감 음중인, 태부소경 박보균, 감찰어사 최동식, 내시지후 김광 등이 목숨을 잃었다. 다음으로 태자궁에서 행궁별감 김거실, 원외랑 이인보가 죽임을 당했고, 천동댁에선 별상원 10여 명이 척살됐다. 이의방, 이고의 군사들은 이미 이성을 상실한 상태였다. 그들은 "문관의 관冠을 머리에 쓴 사람들은 비록 서리일지라도 씨를 남기지 말라"라고 외쳤다. 이 말에 병사들이 더욱 흥분해 살육은 걷잡을 수 없이 확대됐다. 판이부사 허홍재, 동지추밀원사 서순, 지추밀원사 최온, 국자감대사성 이지

심, 내시 소경 진현광 등 50여 명이 추가로 목숨을 잃었다. 평소 무신들을 차별하지 않고 동등하게 대우해줬던 문극겸 등 소수의 문신들만이 살아남을 수 있었다.

이 소식을 접한 의종은 정중부에게 제발 살육을 멈춰달라고 간청했다. 하지만 정중부는 그저 "예, 예"라고 건성으로 답할 뿐이었다. 의종은 뒤늦게 무신들을 적극 달래는 조치를 취한다. 이의방과 이고를 응양군과 용호군 중랑장으로 임명했고, 다른 상장군은 수사공 복야로, 대장군은 상장군으로 진급시켰다. 그렇지만 별다른 소용은 없었다. 시간이 지나 정중부는 의종을 데리고 궁궐로 돌아왔다. 궁궐 곳곳에 살육의 흔적이 강하게 남아있는 가운데 의종은 망연자실했다. 그런데 이때 의종의 곁을 지키고 있던 사람 중 왕광취라는 내시부 관원이 있었다. 그는 무신들의 행태를 보고 분노해 모종의 반격을 모색했다. 정중부, 이의방, 이고 등 정변의 주동자들을 암살하려고 한 것이다. 그러나 한숙이라는 측근이 암살 계획을 누설해 무위에 그쳤다. 이에 격분한 정중부, 이의방 등은 왕광취를 포함해 왕의 어가를 따르던 내시 10여 명과 환관 10명을 찾아내 죽였다.

왕광취 사건으로 의종도 무사하지 못하게 됐다. 무신들은 왕광취 사건에 의종이 개입돼 있는 것으로 봤다. 그동안 의종에게만큼은 관대했던 정중부도 이젠 돌아섰다. 결국 의종은 폐위돼 태자와 함께 궁궐 밖으로 쫓겨났다. 처음에 군기감으로 옮겨졌던 의종은 거제현으로 추방됐다. 태자는 영은관으로 옮겨진 후 진도현으로 추방됐다. 나이가 어렸던 태자의 아들은 죽였다. 그런데 이때 의종의 애첩이었던 무비가 도망친 후 청교역에 숨는 일이 있었다. 정중부는 그녀를 죽이려 했지만, 공예태후가 간청해 살려줬고 의종을 따라가게 했다. 이 즈음 무신들에 대항하는 움직임도 있었다. 병부시랑 조동희가 서해도에서 정변 소식을 듣고 동계에서 군사를 일으키려 했다. 하지만 일찌감치 눈치를 챈 무신들이 기병을 급파해 철령에서 조동희를 체포했다. 정중부는 과거 탐라 봉기를 평정한 조동희의 공로를 감안해 유배를 보내는 선에서 끝내려 했지만, 유배지로 데려가던 사람이 조동희를 죽인 후 그 시체를 물에 던져 버렸다. 무신들은 비단 살육만 한 것이 아니다. 죽임을 당한 문신들의 집도 파괴했다. 너무 지나치다고 봤던 것인지 무신들 내부에서 자제를 당부하는 목소리가 나오기도 했다. 대장군 진준은 "우리 무리가 미워하고 원망한 사람은 이복기와 한뢰 등 4, 5인이었다. 지금 무고한 사람들을 죽인 것도 이미 과한데, 만약 그들의 집마저 모두 헐어버리면 그들의 처자식들은 어디에 의지해 살겠는가"라고 말했다. 그러나 정중부, 이의방 등은 이를 완전히 무시했다. 이후 원수진 사람의 집을 파괴하는 것은 무신들의 관습이 됐다.

  정변이 어느 정도 일단락 된 후 무신들은 의종의 둘째 동생
인 익양공 왕호를 즉위시켰다. 이가 바로 고려의 제19대 왕인
명종이다. 이미 왕의 권위 및 권력은 땅에 떨어졌기 때문에 명
종은 허수아비에 불과했고, 국가의 모든 대소사는 정중부, 이
의방 등 소수의 무신들이 통제했다. 그런데 1172년에 무신들에
대항한 큰 규모의 움직임이 나타났다. 동북면 병마사였던 김보
당이 의종을 다시 옹립하고 무신들을 척살하려 했던 것이다.
원래 김보당은 의종의 실정에 비판적이었다. 그러나 무신들의
행태가 너무 지나쳤기 때문에, 이를 참지 못하고 병마녹사 이
경직, 장순석 등과 함께 군사를 일으켰다. 동북면지병마사 한
언국도 합세하면서 반란의 규모는 점차 커졌고, 장순석은 거제
에 있던 의종을 동경으로 데려왔다. 다급해진 정중부는 이의민
에게 진압을 명했다. 매우 출중한 무신이었던 이의민이 중심이
된 진압군이 본격적으로 나아가자, 김보당 등의 군사들은 의외
로 쉽게 무너졌다. 아울러 난의 주요 인물들이 하나 둘 체포되
기 시작했다. 우선 지병마사 한언국이 체포돼 죽임을 당했고,
김보당과 이경직도 붙잡혀 개경으로 압송된 후 처형됐다. 장순
석 등은 동경에서 이의민에 의해 죽었다. 김보당의 난은 완전
히 실패했고, 이후 동경은 경주로 격하됐다.

김보당의 난은 또다시 문신들의 대거 숙청을 불러왔다. 김보당이 고문을 받을 때 이의방 등은 공모 여부를 집요하게 캐물었다. 무슨 의도였는지는 확실치 않지만, 김보당은 "문관 중에 공모하지 않은 이가 누가 있겠는가"라고 말했다. 한마디로 모든 문신들이 김보당의 난에 동조했다는 것이다. 이 말은 결코 사실이 아니었지만, 무신정변에서 간신히 살아남은 적지 않은 문신들에게 불행한 결말을 안겨줬다. 그런데 김보당의 난을 계기로 재차 발생한 무자비한 문신 숙청은 역효과를 불러일으켰다. 민심이 급속도록 악화된 것이다. 이를 수습하기 위해 이의방의 형인 이준의, 진준 등이 나서서 "힘만 믿고 정의에 입각하지 않는다면 문신들을 모두 죽여도 김보당이 또 나오리란 법이 없겠느냐"라며 무신들을 설득했다. 설득은 어느 정도 먹혔다. 무신들은 더 이상 문신들을 숙청하지 않았고, 혼인 정책 등을 통해 화합 국면으로 나아갔다. 다만 이 즈음부터 약 100년에 이르는 엄혹한 '무신집권기'가 시작된다.

100년 무신집권기

무신집권기의 특징은 왕권의 유명무실有名無實과 집권한 무신이 주요 '기구'를 통해 모든 권력을 자의적으로 행사했다는 것이다. 대표적인 기구는 중방정중부, 이의방, 이의민 등 최고 무신들로 구성된 합좌기구, 도방경대승이 설치한 사병집단이자 숙위기구, 교정도감최충헌이 설치한 최고 집정부, 정방최우가 설치한 인사담당 기구 등이다. 아울러 최고 권력자들이 자주 교체됐다. 무신집권기 초반의 최고 권력자는 정변 당시 견룡행수였던 이의방이다. 참고로 이의방의 동생인 이린은 조선의 건국자인 태조 이성계의 6대 조이다. 이의방은 정변 동지였던 이고와 채원 등을 죽이고 정중부를 밀어낸 후 권력을 장악했다. 다만 정중부가 문하시중으로써 이의방보다 높은 자리에 있었고 대외적으로 무신들을 대표하는 것으로 여겨졌던 만큼, 이의방 집권기를 정중부 집권기로 보는 시각도 있다. 여하튼 이의방은 의종의 첩들을 취하고 자신의 딸을 명종에게 시집보내는 등 국정을 마음대로 주물렀다. 민생은 안중에 없어 별로 돌보지 않았으며, 오로지 힘으로 모든 것을 해결하려 했다. 또한 후환을 없애기 위해 유배지에 있던 의종을 허리를 꺾고 척추를 부러뜨려 죽였다. 이를 직접 시행한 사람은 이의방의 오른팔인 이의민이었다. 의종의 시신은 큰 솥 안에 담긴 다음 곤원사 언못에 버려졌다. 무신들이 두려워 그 누구도 의종의 시신을 수습하려 하지 않았다. 추후 부호장 필인이 몰래 시신을 수습해 물가 근처에 묻었고, 이의방 사후 명종에 의해 희릉으로 옮겨졌다.

하지만 의종 시해는 강력한 역풍을 불러와 이의방 정권의 몰락을 재촉했다. 조정의 여론이 악화됐고, 북계 40개 성이 가담한 조위총의 난과 개경 승도의 난이 연이어 발생했다. 이의방은 승도의 난을 진압하는 데에는 성공했지만, 조위총의 난에서는 고전을 면치 못했다. 측근인 윤인첨, 최균 등이 잇따라 패배하자 이의방은 직접 출정해 조위총의 군사들에게 맹공을 가했다. 이후 그는 궁궐로 돌아왔다가 다시 출정할 준비를 했다. 그러던 중 1174년 12월에 일이 터졌다. 정국이 어수선하고 이의방이 방심한 틈을 타 선의문 밖에서 정중부의 아들인 정균과 그의 사주를 받은 승려 종참 등이 이의방을 기습, 척살했다. 이로써 이의방 정권은 약 4년 만에 무너졌고, 정중부와 정균이 권력을 장악했다.

정중부 정권은 문신들을 우대하고 지방행정을 개혁하는 등 변화된 모습을 보였다. 칼을 가진 무신들을 억제하고 지방 탐관오리들을 척결해야 정권이 안정된다고 판단했다. 그러나 정중부 정권에서도 전횡은 이어졌다. 특히 아들인 정균의 전횡이 도를 넘어섰다. 그는 왕명의 출납을 맡아보는 정3품 승선에 올라 권력을 마음대로 휘둘렀다. 심지어 의종이 건설했던 궁궐들을 하나씩 차지해 집으로 삼았고, 공주를 본인의 아내로 삼으려고까지 했다. 사회 분위기도 좋지 않았다. 공주에서 천민들인 '망이·망소이의 난'이 일어나는 등 크고 작은 변란이 끊이지 않았다. 결국 1179년, 26세의 청년 장군인 경대승이 들고일어나 정중부와 정균 등을 척살한 후 권력을 장악했다. 경대승은

15세에 음서로 교위校尉에 임명된 후 여러 차례 승진을 거쳐 이른 나이에 장군이 됐다. 그의 부친은 문하시중에 이어 두 번째로 높은 관직인 '중서시랑평장사'를 역임했다.

그런데 경대승의 경우 이의방, 정중부와 크게 다른 점이 있었다. 그는 무신정변에 참여하지 않았고, 거사의 이유도 왕권을 유린한 '난신적자'亂臣賊子들을 제거하는 것이었다. 정변을 일으킨 무신들을 대놓고 겨냥한 셈이다. 실제로 경대승은 권력을 장악한 후 왕권을 어느 정도 존중하는 모습을 보였다. 또한 의종을 죽인 이의민을 찾아내 척결하려는 의지를 나타내기도 했다. 이때 이의민은 경대승을 두려워해 병을 핑계로 낙향했고, 마을 거리에 큰 문을 세워 경계하게 했다. 궁극적으로 경대승은 고려 사회를 무신정변 이전의 모습으로 '복고'復古하려 했던 것이다. 이로 인해 수많은 무신 집권자들 중 경대승이 유일하게 고려사 '반역 열전'에 들어가지 않았다. 그러나 경대승 정권은 매우 불안정한 위치에 있었다. 무엇보다 무신들의 큰 불만을 초래해 정권이 안정적이지 못했다. 경대승 본인도 항상 신변의 위협을 느꼈다. 그가 사병집단인 '도방'을 설치한 것은 이러한 위협을 완화시키기 위함이었다. 더욱이 본인의 왕정복고 뜻이 명종에게 인정을 받지 못하자 크게 좌절해 병을 얻었고, 끝내 젊은 나이에 요절하고 말았다. 경대승이 세상을 떠났을 때 수많은 백성들이 통곡한 것으로 전해진다. 그만큼 백성들은 전도유망한 젊은 지도자의 정치적 지향점을 크게 지지했던 것이다.

경대승이 죽자 이번에는 이의민이 부상했다. 경대승 집권기에 고향에서 숨죽이며 살고 있던 이의민은 경대승이 사망한 직후 중앙으로 올라와 권력을 장악했다. 그가 순조롭게 권력을 장악한 데에는 명종의 후원이 있었다. 우선 명종은 이의민이 고향에서 반란을 일으킬 것을 두려워했다. 아울러 이의민을 잘 포섭하면 누구보다 본인을 잘 지켜줄 수 있다고 판단한 것으로 보인다. 어찌 보면 명종은 무신정변으로 왕위에 오른 수혜자였기 때문에, 사실상 무신정변을 부정했던 경대승은 부담스러워한 반면 무신정변의 주도자였던 이의민은 적지 않게 선호한 것으로 추정된다. 이의민은 1190년에 동중서문하평장사 판병부사가 됐고, 1194년에는 공신에 책록, 인사권을 포함한 정치의 제반사항을 완전히 장악하기에 이른다. 그는 정중부, 경대승과 달리 무신들의 권력을 다시 강화하는 정책을 취했다. 특히 무신들의 문반직 겸임을 승인했는데, 문신 중에서 가문이 좋거나 학문이 뛰어난 사람들만 보임되던 내시나 동수국사에도 무신들을 임명했다. 또한 막강한 권력을 기반으로 백성들의 토지를 함부로 강탈했으며, 그의 아들들 역시 탐학을 자행해 '쌍도자'雙刀子라고 불렸다. 교만이 하늘을 찌른 이의민은 "용손龍孫은 12대에서 끝나고, 다시 십팔자가 나온다龍孫十二盡 更有十八子"라는 고참의 말을 굳게 믿었다. 십팔자가 곧 '이'李의 파자破字이므로, 본인이 왕이 될 수 있다는 생각까지 했던 것이다. 고려사에서는 이의민이 왕이 되기 위해 경주 일대에서 반란을 일으킨 효심, 사미 등과 내통하는 등 신라부흥운동을 지원했다고 기록하고 있다. 하지만 이는 후대의 권력자인 최충헌 등이 조작한 것으로 보인다. 안하무인적인 이의민 정권은 1196년 의외의 지점에서 종말을 고한다. 바로 최충헌, 최충수 형제와의 사소한 악연이 발단이었다. 이의민의 아들이 최충수가 기르던 비둘기를 빼앗는 일이 발생했는데, 이에 격분한 최충수가 형인 최충헌을 설득해 이의민을 기습, 척살했던 것이다. 최충헌은 상장군 최원호의 아들이었지만, 이의민 정권 하에서 정치적 성장에 일정한 제약을 받았다. 그럼에도 이의민 정권에 불만을 갖고 있던 무신들을 꾸준히 규합해 나갔고, 마침내 거사를 단행해 권력을 장악했다.

무신집권기 5대 권력자가 된 최충헌은 이전 권력자들과 달리 4대최충헌-최우-최항-최의 62년1196년~1258년에 걸쳐 권력을 유지했다. 이른바 '최씨 무신정권'의 시대를 연 것이다. 최충헌은 여러모로 출중한 '정치가'였다. 과거 대부분의 권력자들은 뚜렷한 비전이 없이 힘으로 권력을 지키기에만 급급해 단명했다. 그러나 최충헌은 실질적인 변화를 주도할 정치 개혁안을 제시하거나 기발한 인사 및 핵심기구 설치 등을 통해 정권의 기반을 공고히 했다. 명종에게 '봉사 10조'를 들고 나와 토지점유 시정, 검약 숭상, 필요 이상의 관원 도태 등을 주장했고, 비단 무신뿐만 아니라 문신들도 고루 등용했다. 아울러 반대파들을 효율적으로 색출하고 처벌할 수 있는 기구인 '교정도감'을 설치했으며, 신변 경호를 위해 도방과 삼별초도 만들었다. 이를 통해 최충헌은 중앙권력 장악, 지방사회 안정, 민란 진정이라는 큰 성과를 거둘 수 있었다. 최충헌은 약 17년을 집권하면서 명종과 희종 등 무려 4명의 왕을 마음대로 '폐립'廢立 하기도 했다. 실질적으로 왕 위에 존재하는 절대 권력자였지만, 그 스스로 왕위에 오르지는 않았다. 무리하게 왕이 되는 것보단 왕실의 권위를 빌리며 막후에서 권력을 행사하는 것이 더 효과적이라고 봤다. 최충헌의 뒤를 이은 아들 최우 등은 문무백관의 인사 행정을 취급하는 기구인 '정방' 설치 및 강화도에서의 대몽對蒙 항쟁 등을 통해 최씨 정권을 유지해 나갔다.

오랜 기간 지속된 최씨 무신정권은 최의 대에 이르러 무너질 기미가 보였다. 7차에 걸친 몽골과의 전쟁으로 최씨 정권은 지도력이 약화됐고, 시간이 갈수록 조정에는 몽골과의 화친을 주장하는 세력이 강해졌다. 이 세력은 정방을 통해 성장한 문신들이었는데, 이들은 외세를 활용해 최씨 정권 및 무신들의 힘을 약화시키려 했다. 그러던 중 1258년, 주화파 문신인 류경과 최의의 수하에 있던 무신인 김준에 의해 최의가 살해됨으로써 최씨 정권은 종말을 고했다. 그렇지만 무신집권기가 완전히 끝난 것은 아니었다. 김준, 임연, 임유무로 무신집권기는 이어졌다. 특히 임연, 임유무 부자는 친몽파인 원종과 극심하게 대립하는 모습을 보였다. 원종은 몽골의 요구를 받아들여 강화도에서 개경으로 환도하려 했으나 임연, 임유무 부자가 이에 거세게 반대한 것이다. 대립이 계속되는 가운데 원종이 잠시 폐위된 적도 있지만, 태자훗날 충렬왕와 몽골의 도움 등에 힘입어 역공을 가해 끝내 임연, 임유무 부자를 제거하는 데 성공했다. 마침내 임유무를 끝으로 길고 엄혹했던 무신집권기는 대단원의 막을 내렸고, 1270년 드디어 왕정이 복고됐다.

04

조선왕조의 '왕씨 숙청'

고려 왕족들을 몰살하다

역사상 유례없는 전 왕족 몰살사건 전말

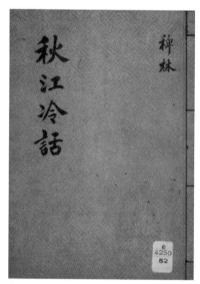

추강냉화.　　　　　　　　한국민족문화대백과

"신민이 추대하여 나를 임금으로 삼았으니 실로 하늘의 운수이다. 공양군을 관동에 가서 있게 하고 그 나머지 동성들도 각기 편리한 곳에 가서 생업을 보완하게 하였는데, 지금 동래현령 김가행과 염장관 박중질 등이 반역을 도모하고자 하여 군과 친속의 명운을 장님 이흥무에게 점쳤다가 일이 발각되어 복죄服罪하였다. 그런데 군은 비록 알지 못하지만, 일이 이 같은 지경에 이르러 대간과 법관이 장소章疏에 연명連名하여 청하기를 12번이나 하였다. 여러 날 동안 굳이 다투고 대소 신료들이 또 글을 올려 간청하므로, 내가 마지못해 억지로 그 청을 따르게 되니 군은 이 사실을 잘 알라." _태조 이성계 『교서』中

474년의 역사를 자랑하는 고려 왕조는 1392년 '역성혁명'易姓革命을 기치로 내건 이성계와 혁명파 사대부들에 의해 무너졌다. 역성혁명은 중국 유교 정치사상의 기본 관념 중 하나로, 제왕이 부덕해 민심을 잃으면 덕이 있는 다른 사람이 천명을 받아 왕조를 바꿔도 좋다는 사상이다. 당시 고려 왕조는 매우 혼란스러운 모습을 보였다. 개혁군주였던 공민왕이 비극적인 죽임을 당한 후 좀처럼 개혁의 동력을 회복하지 못하고 표류했다. 원·명 교체기라는 역동적인 국제정세는 혼란을 더욱 부채질했다. 이런 상황에서 '위화도 회군'이라는 거대한 사건이 터지면

서 고려 왕조는 헤어 나올 수 없는 '망국'亡國의 길로 들어서게
된다.

    얼핏 보면 역성혁명론과 이성계의 즉위는 충분한 명분과
정통성을 갖고 있는 것처럼 보인다. 하지만 자세히 들여다보면
그렇지 못했다. 고려의 마지막 왕공양왕을 제치고 이성계가 새
로운 군왕으로 즉위하는 과정이 온당하지 않았다. 정상적인 선
위禪位 절차가 없었고, 사실상 신하가 왕을 '축출'하는 모양새
를 나타냈다. 이에 따라 이성계의 즉위 및 조선 건국은 정통성
이 부족해 보였다. 조선의 신료들은 이러한 약점으로 인해 불
거질 수 있는 위험성을 심히 우려했다. 그 위험성이란 전 왕족
인 '개성 왕씨'들이 구심점이 된 고려 부흥 운동을 말한다. 날이
갈수록 신료들의 예민함과 우려는 극단으로 치달았다. 이는 결
국 '왕씨 숙청'이라는 비극을 낳게 된다. 기실 조선왕조실록에
선 왕씨 숙청 규모를 축소하려는 의도가 엿보이지만, 실제로는
매우 큰 규모로 숙청이 진행됐던 것으로 보인다.

    결과적으로 왕씨 숙청은 조선 왕조에게는 긍정적인 영향
을 가져다줬다. 역사적으로 빈번히 있었던 전 왕조 부흥 운동
의 싹을 완전히 잘라버렸고, 나름 안정적인 바탕 위에서 왕조
가 지속될 수 있는 단초를 제공했다. 심지어 조선 초 '제1,2차

왕자의 난과 '조사의의 난'과 같은 큰 혼란 속에서도 전 왕조 부흥과 관련한 움직임은 전혀 나타나지 않았다. 그러나 조선 왕조의 왕씨 숙청은 그 자체로 지탄받을 여지가 다분하다. 국내 역사만 보더라도 새로 출범한 왕조가 전 왕조 사람들을 살육하는 경우는 찾아보기 힘들다. 고려의 경우 전 왕조인 신라를 온전히 품었다. 정통성이 부족한 조선의 신료들은 자신들의 안위만을 위해 그야말로 '선을 세게 넘는' 행위를 했던 것이다. 조선 건국 직후 불어닥친 첫 번째 피바람인 '왕씨 숙청' 전말을 되돌아봤다.

혼돈의 국내외 정세, 요동 정벌론

고려 말 국제정세는 요동치고 있었다. 오랜 기간 고려 및 전 세계에 영향을 미쳤던 칭기즈칸의 후예들인 원나라가 쇠퇴하고, 새로이 중국 한족을 중심으로 한 명나라가 부상하고 있었다. 명나라의 태조는 그 유명한 홍무제, '주원장朱元璋'이다. 이 같은 원·명 교체기에 고려는 내부적으로 친원파와 친명파로 나뉘어 갈등을 빚고 있었다. 고려 왕조의 주류 세력이었던 권문세족들은 명나라를 적대시하며 몽골로 내몰린 북원과 가깝게 지냈다. 반면 이 당시 비주류였던 신진사대부들은 명나라의 부상에 주목하며 국가의 장래를 생각해 명나라와 밀착할 필요가 있다고 주장했다. 신진사대부들 중 보다 급진적인 사람들은 친원파인 권문세족의 기득권을 타파하고, 정치, 경제, 사회 전반에 대한 개혁은 물론 역성혁명을 통해 새로운 국가를 건설해야 한다고도 주장했다.

이런 가운데 원나라를 몰아내고 중국 대륙의 중심 국가가 된 명나라는 고려에 대해 압박을 가하기 시작했다. 1388년 2월, 명나라는 고려 사신 설장수를 통해 "철령 이북은 원래 원나라에 속했으니, 모두 요동에 귀속시킨다"라며 철령위鐵嶺衛를 설치하겠다고 통고했다. 이는 고려 서북면인 함남 안변 이북 지역의 영토를 명나라에 넘기라는 말이었다. 또한 명나라는 고려가 조공으로 바친 말 5000 필을 받지 않았고, 명나라의 군사력을 고려가 정탐하고 있다며 트집을 잡기도 했다. 이 같은 모습에 고려 조정은 경악을 금치 못했다. 당시 국가의 수상 격이자 친원파 중 한 사람이었던 최영 장군을 중심으로 한 고려의 주류 세력들은 명나라의 행태에 대해 불만이 고조돼 갔다.

결국 최영이 직접 나서서 명나라에 철령위를 철폐할 것을 요구했다. 명나라는 요지부동이었다. 이에 따라 최영은 소수의 중신회의를 열어 명나라의 요동을 정벌하는 것과 관련해 논의하기 시작했다. 우왕과도 비밀리에 접촉해 요동 정벌을 논의했다. 마침내 각 도의 군사들을 징발해 명나라의 요동성을 공격하기로 최종 결정했다. 그러나 요동정벌에 대한 백성들의 민심은 썩 좋지 않았다. 그 당시 왜구의 침략이 계속됐고, 농사철이 한창이었기 때문이다. 그럼에도 최영은 우왕의 재가를 얻은 후 자신을 팔도도통사, 이성계를 우군도통사, 조민수를 좌군도통사로 삼아 좌우군 통합 3만 8800여 명을 이끌고 출병하기로 했다. 이 정도 군사력은 사실상 당시 고려군의 모든 전력을 동원한 것으로 분석된다.

요동정벌이 현실화됐지만, 우군도통사 이성계는 이를 끝까지 반대했다. 그는 그 유명한 '사불가론四不可論'을 꺼내 들었다. 첫째 작은 나라가 큰 나라를 치는 것은 옳지 않고, 둘째 여름철에 군사를 동원하는 것은 불합리하며, 셋째 요동을 공격하는 틈을 타서 왜구가 창궐할 수 있고, 넷째 무덥고 비가 많이 오는 시기이므로 활의 아교가 녹아 풀어지고 병사들이 전염병에 걸릴 위험성이 있다는 것이다. 하지만 조정의 비주류였던 이성계의 간언은 전혀 통하지 않았다. 그는 최영의 뜻에 따라 마지못해 조민수와 요동정벌에 나서게 된다.

출병, 거듭된 난항

이성계와 조민수가 좌군과 우군을 이끌고 출병을 했는데, 다소 이상한 모습이 나타났다. 최고사령관 격인 팔도도통사 최영의 모습이 정벌군 대열에서 보이지 않았던 것이다. 이는 우왕이 최영의 출전을 막았기 때문이다. 선왕이었던 공민왕의 암살을 지켜봤던 우왕은 신변의 위협을 느끼고 있었고, 최영이 개경에 남아 자신을 보필해 줄 것을 요구했다. 이에 따라 최영은 정벌군 대열에서 빠지고 조민수에게 현장 지휘권을 넘겼는데, 결과적으로 이는 최영의 뼈아픈 '자충수'가 된다.

최영 없이 출병한 요동정벌군은 처음부터 전쟁에 대한 의지가 높지 않았던 것으로 보인다. 최영은 출병 한 달 안에 요동을 공격해야 한다고 했지만, 정벌군은 매우 느리게 움직였다. 이들의 행군 일정을 보면, 고려군은 서경平壤에서 1차 목적지까지 무려 19일을 소요했다. 1388년 5월에 압록강에 겨우 다다랐고, 압록강 중간에 위치한 위화도에 진을 쳤다. 그러나 이곳에서의 상황은 녹록지 않았다. 큰 비가 계속 내렸고, 군량이 제대로 공급되지 못했다. 군사들의 사기도 떨어지면서 탈영병들이 속출하기도 했다. 시간이 갈수록 상황이 악화되자 이성계는 우왕에게 "요동성에 이르더라도 진퇴進退가 어려울 수 있다"라며 회군回軍을 허락해 줄 것을 요청했다. 조정에서 답신이 없자 이성계는 최영에게 사람을 보내 거듭 회군을 허락해 달라고 했다.

하지만 며칠 뒤에 온 답신은 이성계의 바람과는 상반된 것이었다. 우왕과 최영은 이성계에게 요동성으로 서둘러 진군하라고 명령했다. 그러면서 약소한 격려품을 하사했다. 진군과 회군의 갈림길에서 고뇌하던 이성계는 조민수 등 측근들을 불러 모아 대책을 논의했다. 이 자리에서 이성계는 회군을 해야 할 당위성을 수차례 강조했다. 그러나 조민수와 일부 장졸들은 처음에는 회군을 왕에게 정면으로 대적하는 것으로 여기며 난색을 표한 것으로 전해진다. 그러자 이성계는 왕에게 대적하는 것이 아닌 "왕 옆의 악인", 즉 최영에 대적하는 것뿐이라고 답하면서 합리화시켰다.

이성계 측의 거듭된 설득과 현실의 암담함으로 인해 대책 회의에서의 무게 중심은 서서히 진군이 아닌 회군으로 기울어 갔다. 대부분의 사람들이 회군에 힘을 싣기 시작했다. 가장 결정적으로, 당초 조정의 명령을 충실히 따를 것 같았던 조민수와 일부 장졸들이 현실을 직시한 후 마음을 완전히 바꾸었다. 이성계는 다시 한번 숙고를 한 후 마침내 역사의 운명을 크게 뒤바꾸는 행동을 하게 된다. 한편 역사학계에선 실제로 이때 요동정벌이 쉽지 않았을 것이라는 의견이 많다. 중원의 패자로 부상한 명나라의 위세가 만만치 않았고, 객관적인 전력 및 환경 등이 결코 고려에 우호적이지 않았기 때문이다. 다만 이때

중원제국에 조금도 대항해 보지 못한 채 스스로 물러나 극심한 사대주의의 길로 빠져든 것은 아쉬운 대목으로 읽힌다.

위화도 회군

이성계와 조민수가 회군을 알렸을 때 모든 군사들은 크게 기뻐하며 찬동한 것으로 알려졌다. 그만큼 요동정벌에 대한 부담이 상당히 컸던 것이다. 장수와 군사들의 절대적인 지지를 받은 이성계는 즉시 병력을 요동이 아닌 개경으로 향하게 했다. 위화도 회군의 속도는 역사상 손에 꼽을 정도로 매우 빨랐던 것으로 전해진다. 서경에서 위화도까지 19일을 소요했던 정벌군은 위화도에서 서경보다 더 멀리 있는 개경까지 단 9일 만에 회군했다. 진군할 땐 하루에 10km를 갔던 정벌군이 회군할 땐 하루에 40km씩 초고속으로 갔던 것이다.

위화도 회군 소식은 조정에 급박하게 전달됐다. 큰 충격을 받은 우왕과 최영은 서경에서 개경으로 허겁지겁 돌아와 방어에 나섰다. 6월 개경 근교에 이르러 진을 친 이성계는 우왕에게 "최영을 제거하지 않으면 종사를 전복시킬 것"이라고 경고했다. 이에 대해 우왕은 "군신의 대의는 고금을 통한 의리"라며 되레 이성계 등을 책망했다. 아울러 개경 수비를 위해 급히 군사들을 모아 개경 안팎의 골목 입구를 수레로 막는 한편 조민수 등의 관작을 삭탈했다. 하지만 우왕과 최영이 보유한 개경성의 군사력은 이성계와 조민수가 보유한 군사력에 비해 한참 뒤떨어졌다.

이성계는 개경성의 숭인문 밖 산대암山臺岩에 진을 친 뒤 지문하사 유만수를 숭인문, 좌군을 선의문으로 보내 성문을 돌파하도록 했다. 그러나 최영의 방어에 막혔다. 이어 조민수의 우군이 재차 공격했지만, 이번에도 무위로 돌아갔다. 이성계 등은 포기하지 않고 거듭 공격을 가했다. 수적으로 열세인 개경성의 군사들은 조금씩 무너지기 시작했다. 마침내 성문이 뚫렸고, 이성계 등은 궁궐 내 화원을 겹겹이 에워쌌다. 우왕과 최영은 화원 속에 있는 팔각전八角殿에 몸을 숨기고 있었다. 이성계 등은 우왕에게 최영을 내놓을 것을 요구했다. 그럼에도 최영이 순순히 나오지 않자 서너 명의 군사들이 팔각전으로 진입해 최영을 사로잡았다.

왕조의 교체

개경을 장악한 이성계 등은 최영을 유배 보내고 우왕을 폐위한 뒤 중앙 정치의 실권을 손에 쥐었다. 이때 이성계의 주변엔 정도전 등 역성혁명을 주창하는 혁명파 사대부들이 몰려있었다. 요동 정벌 계획은 즉각 폐기됐다. 명나라의 연호가 시행됐고, 원나라 복장 대신 명나라 의복을 입게 됐다. 우왕의 뒤를 이어 9세 창왕이 조민수와 문하시중 이색의 지원을 받아 왕위에 올랐다. 당초 이성계와 정도전, 조준 등은 창왕이 아닌 다른 왕족을 선호했던 것으로 보인다. 그럼에도 조민수와 이색 등이 주도해 창왕 즉위를 밀어붙였고, 이성계 세력도 창왕 즉위를 인정받기 위한 대명외교에 참여했다. 그런데 변수가 생겼다. 명나라 홍무제 주원장이 창왕 즉위를 탐탁지 않게 여겼던 것이다. 그는 창왕이 원나라의 혈통에서 자유롭지 않다고 생각했다. 더욱이 주원장은 조정의 실권자로 떠오른 이성계도 호의적으로 보지 않았다.

이에 따라 이성계 세력은 창왕을 폐위하고 주원장의 마음에 드는 인물을 물색한다. 동시에 그들은 국정 전반에 대한 개혁도 강하게 추진했다. 이의 여파로 창왕 즉위의 주역인 조민수와 이색 등이 관직에서 쫓겨났다. 이때부터 이성계 세력은 역성혁명을 기치로 새로운 왕조 창업을 본격적으로 표방하기 시작했다. 그들은 얼마 뒤에는 창왕 폐위를 위한 '명분'도 만들어냈다. 바로 흥국사 회동에서 나온 '폐가입진'廢假立眞이다. 이는 가짜 왕을 폐하고 진짜 왕을 세운다는 뜻으로, 창왕과 우왕은 공민왕의 자식이 아니라 요승 '신돈'의 자식이기 때문에 폐위해야 한다는 것이다. 창왕이 너무 어리고 즉위한 지도 얼마 안 됐으니 폭정 등의 명분으로 폐위시킬 수는 없었고, 아예 '왕통' 자체를 부정해버린 것이다. 기실 신돈 자식설은 명확히 밝혀진 것은 아니지만, 정황상 가능성이 없는 것도 아니다. 이 명분은 먹혀들었다. 창왕은 폐위돼 강화도로 쫓겨났다. 뒤이어 고려의 마지막 왕인 공양왕이 즉위했다. 당연히 그는 이성계의 선호에 따라 왕이 된 것이다. 우선 이성계는 공양왕과 밀접한 관계였다. 공양왕의 딸이 이성계와 신덕왕후 강 씨의 아들인 이방번과 결혼해 둘은 사돈 관계였다. 또한 공양왕은 원나라 혈통과도 무관했다. 이성계는 자신과 가까운 공양왕이 적당히 왕 자리에 있다가 순순히 선위를 할 것이라고 생각했다. 그렇게 되면 완벽한 정통성을 기반으로 새로운 왕조를 무난하게 창업할 수 있었다.

하지만 상황은 녹록지 않게 돌아갔다. 공양왕이 이성계의 의도와는 달리 자신의 왕위는 물론 고려 왕조를 지키기 위해 노력하는 모습을 보였던 것이다. 특히 공양왕은 수시중인 정몽주와 긴밀히 연대하며 이성계 세력을 견제했다. 당시 정몽주는 대학자로서 명망이 높았다. 그는 창왕 폐위까지는 이성계와 뜻을 같이 했지만, 이성계 세력이 고려 왕조를 부정하고 새 왕조 창업을 표방하자 돌아섰다. 이때부터 고려 왕조와 공양왕을 지키는 첨병을 자처했다. 명망이 높았던 만큼 정몽주의 생각에 동조하는 사람들이 몰려들기 시작했다. 이성계를 정점으로 한 급진 개혁파와 정몽주를 정점으로 한 온건 개혁파가 극심한 대치를 하는 형국이 조성됐다.

이런 가운데 1392년, 이성계가 사냥을 나갔다가 낙마해 거동을 못하는 상황이 발생했다. 정몽주는 이것을 하늘이 내려준 기회라고 생각했다. 그는 즉각적으로 공양왕의 재가를 얻은 후 이성계의 최측근들인 정도전, 조준, 남은, 남재 등을 탄핵해 지방으로 유배 보냈다. 더 나아가 정몽주는 이들을 신속히 처형하고 이성계까지 체포해 죽이려고 했다. 그는 공양왕에게 가서 재가를 해줄 것을 청했다. 그러나 결정적인 순간에 공양왕이 주저했다. 공양왕은 이성계가 죽으면 자신의 즉위 명분이 퇴색될 수 있고, 너무 강경하게 나오면 이성계 세력이 이판사판으로 역공을 가할 수 있음을 우려했다. 반면 이성계 세력은 기민하게 움직였다. 이방원이 주도해 몸이 아픈 이성계를 급히 황주에서 개경으로 이동시켰다. 이성계 세력이 개경에 도착하자 공양왕은 더욱 겁을 먹었고, 결국 정몽주의 계획은 수포로 돌아갔다.

이성계의 유고 중에 행한 정몽주의 행위는 이성계의 측근들로 하여금 그를 반드시 제거해야 할 대상으로 상정하게 만들었다. 정몽주를 놔두면 새 왕조 창업이라는 대의는 허상으로 끝날 가능성이 높아 보였다. 하지만 이성계만은 끝까지 정몽주를 품으려 했다. 그는 명망이 높은 정몽주를 포섭해야만 새 왕조 창업은 물론 창업 이후 국정 운영도 효과적으로 할 수 있을 것이라고 생각했다. 측근들에게 정몽주만큼은 건들지 말라고 엄명하기도 했다. 그러나 이방원이 가만히 있지 않고 행동에 나섰다. 그는 무장을 동원, 백주대낮에 많은 사람들이 보는 앞에서 정몽주를 기습적으로 척살했다. 뒤늦게 이 소식을 접한 이성계는 크게 분노한 것으로 전해진다. 든든한 버팀목이었던 정몽주가 제거됨에 따라 공양왕은 '사상누각'沙上樓閣과 같은 존재가 됐다. 고려 왕조도 비슷한 운명에 처했다.

이성계 세력은 자신들이 표방하는 대의를 더욱 적극적으로 밀어붙일 태세였다. 그들은 정당한 절차를 거쳐 왕위를 선위 받을 수 없다는 것을 깨달았고, 비교적 명분이 떨어지는 방법을 동원해 공양왕 폐위를 시도하게 된다. 바로 왕대비인 안씨를 찾아가 공양왕 폐위의 교지를 내려줄 것을 청한 것이다. 이성계 세력은 왕이 혼암昏暗해 임금의 도를 잃었으며, 민심은 이미 떠나 더 이상 나라의 주인이 될 수 없다고 강조했다. 이와 같은 시기에 공양왕은 최후의 수단으로 신하인 이성계와 동맹을 맺는 '군신동맹'을 제안했다. 역사상 유례가 없는 치욕스러운 일이었지만, 공양왕은 이를 통해 왕조만큼은 보존하려 했다. 비록 군신동맹은 받아들여졌지만, 공양왕은 왕위에서 오래

머물러 있지 못했다. 1392년 7월 12일, 이성계 세력에 굴복한 왕대비 안 씨가 마침내 폐위 교서를 내렸다. 그 즉시 이성계 세력은 공양왕을 찾아가 이 사실을 알렸다. 공양왕은 무릎을 꿇고 교서를 받은 후 '공양군'으로 강등, 폐위돼 원주로 보내졌다.

다음날 이성계는 '감록국사'監錄國事에 봉해졌다. 이는 임시 임금을 의미했다. 그로부터 3일이 지나자 정도전, 조준, 배극렴 등이 이성계를 찾아와 즉위를 촉구했고, 비로소 1392년 7월 17일에 이성계가 왕위에 올랐다. 그토록 바라던 대업은 이뤄졌지만, 이성계의 즉위는 매우 불완전한 것이었다. 표면적으로 그는 조선의 왕이 아닌 고려의 왕으로 즉위했다. 감록국사로서 한동안 고려의 국호도 그대로 사용했고, 추후 명나라의 승인을 얻은 뒤에야 국호를 바꿀 수 있었다. 아울러 상술했듯 공양왕으로부터 정당한 절차를 거쳐 선위를 받은 것도 아니었다. 그렇다고 무력을 동원해 민심을 잃은 왕을 끌어내린 '반정'反正도 아니었다. 매우 어정쩡한 형태의 즉위였던 것이다. 엄밀히 말하면 신하가 왕을 '축출'한 것이다. 이는 자연스레 정통성 문제를 유발했고, 이성계와 집권 세력에게 큰 위기감을 느끼게 했다. 이와 관련된 불똥은 전 왕조의 왕족들인 개성 왕씨에게 튀게 된다.

무방비 상태, 망국의 왕족들

만약 공양왕에 의해 선위가 이뤄졌다면 정통성을 확보한 새 왕조는 왕씨들을 온전하게 대우했을 가능성이 높다. 하지만 그렇게 되지 못했기 때문에 왕씨들은 새 왕조의 위협 세력으로 여겨졌다. 언제든 정통성이 부족한 왕조에 대항한 반역의 구심점이 될 수 있다는 우려가 있었다. 이에 따라 조선의 신료들에게 왕씨 처리 문제는 신속하면서도 확실하게 매듭지어야 할 것이었다.

아니나 다를까. 이성계가 즉위한 후 얼마 지나지 않아 왕씨들에 대한 처리 문제가 도마 위에 올랐다. 기존에는 공양군과 세자인 왕석에 대한 처리 문제만이 거론됐다. 예로부터 사성정책, 왕씨 성을 하사해 우대하는 정책이 활성화돼 있어, 당시 전국에는 수많은 왕씨들이 존재하고 있었다. 사헌부 대사헌인 민개가 이성계 앞에 나와 왕씨들을 모두 외지에 두자고 한 것에서 촉발됐다. 왕씨들의 불안감은 고조됐고, 자칫 혹독한 조치가 취해질 수도 있다는 우려가 나왔다. 그런데 이성계는 왕씨들에 대해 매우 관대한 입장이었다. 외지에 두자는 것에는 동의했지만, 목숨 및 안전을 보장해주고자 했다. 태조의 즉위 후 첫 교서를 보면 "핵심 왕족인 왕우에게 기내의 마전군을 주고 귀의군으로 봉해 왕씨의 제사를 받들도록 한다. 나머지 자손들은 외방에서 편리한 데에 거주하게 하고, 그들의 처자와 동복들은 한 곳에 모여 살게 하는데 소재 관사에서 그들의 처소가 어디인지를 놓치지 말라"라고 전하고 있다.

당초 왕씨들을 보내기로 한 외지는 거제도와 강화도였다. 그러나 이성계의 관대한 입장 하에 이 조치는 엄격하게 적용되지 않았다. 대부분의 왕씨들은 섬이 아닌 서울 이외의 지방 내륙 군현에 거주한 것으로 보인다. 또한 이성계는 원주로 유배를 간 공양군은 폐주 신세에서 벗어나게 했고, 전 왕대비인 안씨는 의화궁주로 삼아 처우를 보장해 줬다. 개성 왕씨의 핵심 인사들은 극진한 대접을 받기도 했다. 순흥군 왕승의 아들 왕강은 개경으로 올라와 중요 업무를 맡았고, '회군공신'回軍功臣이 됐다. 왕조와 왕관은 대장군, 상장군이 됐고, 왕우는 왕씨 제사를 받듦과 더불어 자주 궁궐에 들어와 이성계와 격구를 즐겼다. 이성계는 비록 왕씨여도 적대적이지만 않다면 자신의 백성으로 삼으려 했다.

하지만 이성계를 제외한 다른 신료들의 생각은 달랐다. 그들은 왕씨들을 가만히 놔두면 필히 신생국가 조선에 큰 후환이 될 것이라고 생각했다. 이번에는 좌명공신으로 녹훈됐던 대사헌 남재가 움직였다. 그는 '시무상서문'을 통해 "국가를 다스리는 사람도 마땅히 환난을 미연에 없애서 나라의 기틀을 영세토록 전해야 될 것이다. 지난번에 고려 왕조의 후손을 강화와 거제에 나누어 두게 했다. 그러나 아직도 주현州縣에 뒤섞여 사는 사람이 있으니, 만일에 무뢰배 가운데 왕씨인 것을 구실로 삼아 난리를 일으키는 사람이 있게 된다면 그들을 보전하는 방책이 못된다. 원컨대, 모두 강화와 거제에 두어서 미리 방비하게 하라"라고 청했다.

그러나 이성계의 입장은 요지부동이었다. 오히려 왕씨들에 대해 더욱 관대한 조치를 취한다. 그는 공양군을 편리한 장소에 거주하게 했고, 거제로 보내졌던 일부 왕씨들도 육지의 주군州郡에 안치했다. 이쯤 되자 왕씨들은 다소 안심할 수 있었다. 이성계는 이때 명나라로부터 명실상부 새 왕조의 군왕으로 인정받은 상태였다. 그는 자신감이 높아져서 왕씨들을 너욱 포용하고 자신의 백성으로 삼으려 했던 것으로 추정된다. 하지만 이성계의 의지는 오래 지속되지 못했다. 머지않아 왕씨들에게 불행한 결말을 안겨다 주는 사건이 터지게 된다.

왕씨 숙청
사건은 문하부 참찬인 박위라는 사람에게서 촉발됐다. 그는 나름 인지도가 있는 고려 말의 무장으로, 위화도 회군 당시 이성계를 따랐고 쓰시마섬을 정벌하기도 했다. 이후 창왕을 폐위하는데 동조해 흥국사 9 공신 중 한 명이 됐다. 이때까지 박위는 이성계와 매우 우호적인 관계를 맺고 있었다. 그러나 공양왕이 즉위한 후 박위는 정몽주와 함께 이성계 세력에 맞서면서 적대 관계가 됐다. 정몽주가 이방원에 의해 비극적인 죽임을 당했을 때 박위의 운명도 위태로워 보였다. 그런데 의외로 관대한 처분을 받으며 살아남았다. 박위는 요직에는 등용되지 못했고, 국방 분야에서만 제한적으로 활동했다. 그런 그가 1394년 별안간 몇몇의 사람들과 순군옥에 수감된다.

이유는 다음과 같다. 박위는 자신과 친분이 있던 동래현령 김가행과 염장관 박중질을 은밀히 부른 후 그들에게 밀양 땅에 있는 유명한 맹인 점쟁이인 이흥무를 찾아가 몇 가지를 물어보라고 지시했다. 문의사항은 예사롭지 않은 것이었다. 태조 이성계와 공양왕 중 누가 더 명운이 좋은지, 그리고 왕씨들 중에선 누가 가장 명운이 좋은 지였다. 박위는 명운이 좋다고 하는 쪽에 들러붙어 훗날을 도모하려 했던 것으로 보인다. 하지만 이는 갓 들어선 조선 왕조의 입장에선 명백한 역모로 비칠 수 있는 행위였다. 지시를 받은 김가행과 박중질은 이흥무를 찾아가 그대로 물어봤다. 그의 답은 왕씨들 중에서 왕화가 가장 명운이 좋고, 다음으로 그의 아우 왕거가 좋다는 것이었다. 이 일은 비록 위험하긴 했지만 그들만의 비밀로 묻힐 것처럼 보였다.

그런데 어찌 된 연유인지 이 일이 발각이 됐다. 당시 조선의 이인자였던 정도전의 정보망에 걸려든 것으로 추정된다. 이흥무와 박위는 즉각 체포돼 순군옥으로 압송됐고, 심문을 받을 때 모든 사실을 실토했다. 불행히도 이에 따른 칼날은 왕씨들을 겨냥하기 시작한다. 그들은 아무런 행동도 취하지 않았지만, 타인들의 실수와 민감한 조선왕조 신료들에 의해 궁지에 몰리게 된다. 우선 이흥무가 명운이 좋다며 거론한 왕화, 왕거가 안동옥에 수감됐다. 육지로 돌아왔던 왕씨들은 다시 거제, 강화로 옮겨졌다. 사태는 걷잡을 수 없이 확대된다. 대간과 형조가 합동으로 나서 이 사건과 아무런 관련이 없는 왕강, 왕격, 왕승보, 왕승귀, 공양군 부자 등을 처벌하라고 주청 했다. 대간과 형조가 밝힌 표면적인 이유는 왕강, 왕격은 지모智謀와 계략이 뛰어나고 왕승보, 왕승귀는 용맹이 뛰어나니, 모두 능히 재주를 믿고 화란禍亂을 일으킬 수 있다는 것이었다. 실로 과한 주청이었지만, 대간과 형조 등은 이 기회에 후환이 될 수 있는 왕씨들을 모조리 제거하려고 했다. 이를 배후에서 조종한 사람은 정도전이었을 것으로 추정된다.

하지만 이성계는 이번에도 반대했다. 그는 해당 사건이 단순히 왕씨의 명운을 점쳐 본 것에 불과하다며 주청을 받아들이지 않았다. 대간 등은 이에 굴하지 않고 "고려왕족과 구세력들이 왕씨 복립운동을 전개할 것"이라며 거듭 처벌을 주장했다. 처벌의 수위는 섬에 유배를 보낸 후 대역죄로 참형에 처하라는 것이었다. 이성계는 계속 반대했다. 그가 완강하게 나오자 급기야 왕과 신하들이 대치하는 진풍경마저 발생했다. 대간과 형조는 '파업'이라는 극단적인 카드도 꺼내 들었다. 상황이 갈수록 심각해지면서 이성계의 고민도 깊어졌다. 그는 어떻게든 왕씨들을 온전하게 해 주고, 자신의 백성으로 만들고 싶었다. 결국 이성계는 왕씨들을 유배는 보내되 죽이지는 않기로 결정했다. 그는 왕강, 왕격, 왕승보, 왕승귀 등을 불러 술을 내려주면서 위로한 뒤 각각 공주, 안변, 영흥, 합포로 보냈다. 공양군 부자는 삼척으로 보냈다.

이 같은 조치는 소위 '절충안'으로 받아들여져 사건은 일단락될 수도 있었다. 그러나 조선왕조의 신료들은 참으로 집요했다. 대간과 형조 등은 지속적으로 들고일어나 이성계에게 왕씨들을 제거하라고 압박했다. 천하의 이성계도 점점 지쳐갔다. 결국 그는 도당에 명령해 모든 신료들이 각자의 의견을 글로 써서 올리게 했다. 일종의 투표를 제안한 것이다. 그 결과는 일찌

숙청의 역사

감치 정해진 것이나 다름없었다. 고관들은 사전에 관원들을 모아놓고 왕씨들 제거 쪽으로 분위기를 몰아갔다. 거의 모든 신료들이 왕씨들을 극형에 처하라는 글을 써서 올렸다. 서운관, 전의, 요물고 등에 소속된 소수의 하급 관원들만이 유배로 끝내자는 온건론을 펼쳤다.

이제 이성계도 어찌할 도리가 없었다. 마침내 왕씨 숙청이라는 잔혹한 주사위가 던져졌다. 이성계의 재가를 얻은 신료들은 기다렸다는 듯 신속하게 움직였다. 형조의랑, 형조전서, 중추원부사, 첨절제사 등 저승사자들이 왕씨들이 유배를 간 지역에 급파됐다. 그들은 해당 지역에 도착하자마자 왕씨들을 무자비하게 살육하기 시작했다. 왕위에 가까운 유력 왕씨들이 우선적으로 죽임을 당했다. 공양군의 숙부인 학성부원군 왕향 등 16명이 강화 바닷가에 수장됐다. 며칠 뒤에는 거제에서 수연군 왕규 등 무려 110여 명의 왕씨들이 수장됐다. 삼척에 있었던 공양군 부자도 무사하지 못했다. 그들은 일단의 군사들에 의해 목이 졸려 죽었다. 이때 숙청된 왕씨들은 대략 135~150여 명으로 추정된다. 조선 성종대의 문신인 남효온이 저술한 '추강냉화'에도 왕씨 숙청과 관련한 끔찍한 내용이 담겨있다. 조선왕조에서 왕씨들을 서인으로 삼고 섬으로 유배 보내기로 했다. 왕씨들은 죽지 않은 것만으로도 기쁘게 여겼다. 그런데 배가 언덕을 떠난 직후 갑자기 침몰해 버렸다. 미리 사주를 받은 뱃사람이 왕씨들이 탑승한 배 밑바닥에 구멍을 낸 것이다. 만약 추강냉화의 내용이 사실이라면, 조선왕조의 왕씨 숙청은 매우 비열하기 짝이 없었다. 신료들은 전 왕조의 제사를 받들고 있는 왕우와 그의 두 아들도 죽이자고 했지만, 이성계는 끝까지 이들을 보호했다.

   왕씨들의 지옥과도 같은 고난은 여기서 끝나지 않았다. 중앙은 물론 지방에서도 대대적인 왕씨 색출 및 숙청이 진행됐다. 왕씨가 발견되기만 하면 적법한 절차를 생략하고 척살했다. 일례로 왕씨의 서얼이 가명으로 도성에 출입하다 적발돼 죽임을 당했고, 지방 구석진 곳에서 이름을 숨긴 채 살던 왕씨들이 대거 끌려 나와 처형되기도 했다. 왕씨들은 어떻게든 살기 위해 '왕'王이라는 한자를 '옥'玉, '전'全, '신'申 등으로 바꾸기도 한 것으로 전해진다. 옥 씨 성으로의 변형이 유력하고, 나머지는 근거가 희박하다. 다만 왕씨 중에서도 숙청 대상에 포함되지 않은 부류가 있었다. 조선 건국에 협력한 왕승 일가, 앞서 거론한 왕우 일가, 여성, 방계 등이 그것이다. 이들은 조선왕조의 강권에 따라 다른 성씨로 바꿨다. 조선의 신료들은 왕위 서열이 높은 남자 후손들, 즉 실질적인 위협이 될 수 있는 왕씨들만을 골라 숙청했던 것이다. 결국 조선이 건국되기 직전 전국에서 가장 많았던 개성 왕씨는 순식간에 몰락해 극히 소수만 남게 됐다. 역사상 그 유례를 찾아보기 힘든 전 왕족 몰살 사건이었다.

숙청의 중단

대대적인 왕씨 숙청으로 이성계와 조선왕조에 대한 백성들의 민심은 좋지 않았다. 특히 개성 지역 사람들은 왕씨들과 연관되지 않은 이들이 없었기 때문에 더욱 그랬다. 이성계와 신료들이 개성을 떠나 한양으로 천도한 후에도 개성 지역의 원성은 자자했다. 이를 반영하듯 당시 돼지고기를 '성계육'이라 부르며 씹어먹는 것을 표현했고, 향토음식인 조랭이 떡은 '이성계의 목을 조르는 모습'에서 유래했다는 전설이 있을 정도였다. 조선 사회를 기록한 외국인의 책에도 "개성 사람들은 조선왕조를 매우 싫어한다"는 내용이 담겨 있었다. 한편 왕씨 숙청을 원하지 않았던 이성계는 끝까지 왕씨들에 대한 연민을 갖고 있었다. 이에 따라 그는 삼화사에서 '수륙재'라는 불교 의식을 매년 거행하며 숙청당한 왕씨들의 영혼을 위로하려 했다. 야사에는 이성계의 꿈에 고려 태조 왕건이 나타나 크게 책망했다는 기록도 있다.

태조 이성계의 즉위 직후 집중적으로 일어났던 왕씨 숙청은 태종 이방원 시대에도 간헐적으로 지속된다. 그러다 1413년, 이방원은 공식적으로 왕씨 숙청을 중단하겠다고 선포했다. 그동안 왕씨들이 충분히 제거됐고 신생국가의 기틀도 어느 정도 다져져, 더 이상 왕씨들은 위협이 안 된다고 판단했다. 복권도 점차 이뤄졌다. 대표적으로 '왕거을오미'라는 사건을 계기로 공주에 숨어 살던 왕휴의 후손이 복권됐다. 문종대에는 왕우지라는 사람이 숨은 고려 왕족이라는 이유로 고발됐지만, 조정에서는 오히려 왕우지에게 벼슬을 내렸다. 또한 이전에 몰래 바꿨던 이름을 다시 '왕순례'로 바꿔줌으로써, 왕씨 가문을 이어가고 제사를 지낼 수 있게 했다. 왕순례의 후손이 끊기자 선조대에는 다른 왕씨인 왕훈의 후손들이 왕씨의 제사를 지내게 된다. 조선 중기에 이르러 왕씨들에 대한 경계는 완전히 사그라졌고, 본래 왕씨 성으로 복성復姓하는 사람들도 생겨났다.

05

태종의 '외척 숙청'

처가와 며느리 집안을 도륙하다

정밀한 사전정지 작업, 세종시대를 연 외척숙청 전말

태종 이방원 어진.　　　　　　　　효령대군기념관.

"앞으로 주상^{세종대왕}이 다스려가야 할 그 많은 날들을 위해, 차마 사람으로서 하기 어려운 일들을 이 아비가 하고 있는 것입니다... ^{중략}... 주상, 울음을 그치지 못하겠소. 내 말하지 않았소. 임금은 눈물을 보여선 아니 된다고. 주상, 잘 들으시오. 주상께서 짊어지고 가야 할 모든 '악업'^{惡業}은 이 아비가 맡을 것이오. 주상이 들어야 할 욕은 이 아비가 대신 다 들어줄 것이며, 주상에게 거추장스러운 것이 있다면 이 아비가 모두 치워드리리다. 이것은 바로 주상을 '성군'으로 만들기 위함이며, 이제부터는 주상의 시대입니다... ^{후략}... 다른 사람은 몰라도 주상만큼은 아셔야 합니다. 이 아비가 왜 이렇게밖에 할 수 없는지를, 주상만큼은 반드시 아셔야 합니다." _드라마『용의 눈물』中

태종 이방원은 아버지인 태조 이성계에게 반기를 들고 이방석과 이방번 등 이복동생들을 척살한 후 왕위에 올랐다. 조선의 제3대 군왕으로 즉위한 이방원이 급선무로 표방했던 것은 '왕권 강화'였다. 이는 통일신라의 신문왕과 고려의 광종이 적극 시행했던 그것과 맥을 같이하는 '수성' 정책의 일환이었다. 이제 막 탄생한 신생국가 조선에게 해당 정책은 반드시 필요한 것으로 여겨졌다. 이에 따라 이방원은 왕권 강화에 걸림돌이 되는 것은 가차 없이 제거했다. 목숨을 걸고 거사를 함께 했던 동지들도 예외가 될 수 없었다. 그런데 왕권 강화를 목적으로 진행된 숙청 작업의 정점은 바로 '외척 숙청'이다. 이방원은 자신의 처가여흥 민 씨와 며느리 집안청송 심 씨을 철저하게 도륙했다.

이방원의 외척 숙청은 당대엔 지나치다는 평가가 많았다. 그는 왕권과 후대를 위해서라면 부인과 며느리의 집안도 '멸문지화'滅門之禍에 몰아넣을 수 있는 비정한 군주로 비쳤다. 하지만 결과론적으로 봤을 때 이것을 마냥 폄하하긴 어렵다. 역사상 최고의 시대로 평가를 받는 세종 시대는 이방원의 사전 정지整地 작업이 없었다면 불가능했을 가능성이 높다. 국왕의 외척 세력은 자연스레 막강한 권력을 보유할 수밖에 없는데, 이것이 도를 넘어서면 왕권은 물론 국가도 흔들리게 된다. 이와 관련된 사례는 많다. 특히 조선 후기에 외척 세력의 득세가 국가 망국의 단초를 제공한 점을 감안하면, 이의 심각성이 더욱 적나라하게 드러난다. 외척 발호跋扈의 가능성을 차단하고 세종의 태평성대太平聖代를 여는 데 결정적 기여를 한 것만으로도, 이방원의 외척 숙청은 상당한 정당성을 가질 수 있다는 평가가 나온다.

아울러 이방원의 숙청은 철저히 '정치적 계산'에 근거해 진행된 측면이 있다. 즉 마구잡이로 제거한 것이 아니라 정치적으로 제거할 필요성이 있는 대상만을 골라 숙청했던 것이다.

이른바 '정밀 숙청'이다. 이에 따라 이방원의 숙청 규모는 다른 군왕들에 비해 크지 않았다. 요즘 이방원을 지칭하는 '킬방원'이란 용어는 과장된 측면이 있다. 다만 당시에 워낙 거물급에 속하는 인물들을 제거했기 때문에, 그 충격파가 오래가는 것이다. 겉보기엔 참으로 냉혹했지만, 결과적으로 신생국가 조선의 기틀을 다잡는 데 기여한 태종 이방원의 '외척 숙청' 전말을 되돌아봤다.

이방원과 민씨가문 관계

이방원은 개국 과정에서 공이 많았지만 왕위에 오르기 힘든 위치에 있었다. 적장자도 아니었을뿐더러 정몽주 제거 과정에서 이성계의 노여움도 크게 샀다. 이성계는 비록 정몽주가 반 이성계파의 선봉에 있었지만, 고려 시대 대학자로서 백성들의 존경을 한 몸에 받고 있었기 때문에 그를 끝까지 포섭하려고 했다. 나아가 삼봉 정도전과 포은 정몽주를 양 날개로 삼아 새로운 나라를 효과적으로 운영해 나가려고 했다. 그러나 이방원이 이성계의 허락 없이 선죽교에서 정몽주를 제거하자 크게 분노했다. 이방원의 정몽주 제거는 불가피한 측면도 있었다. 당시 이성계가 정몽주 세력 대처에 있어 미적지근한 모습을 보이는 동안 정도전 등 이성계의 측근들은 정몽주 세력의 공격으로 유배를 가는 등 큰 위기에 처해 있었다. 이 같은 노여움이 작용해 이방원은 세자 후보에서 완전히 밀려났다. 이 기회를 틈타 이성계의 두 번째 부인이었던 신덕왕후 강 씨는 자신의 둘째 아들인 이방석을 세자로 만들기 위해 적극적으로 노력했다. 이성계는 강 씨를 무척 총애했기 때문에 세자 자리는 이방석에게 넘어갔다.

그럼에도 이방원은 모든 난관을 뚫고 왕위에 올랐다. 그가 이렇게 할 수 있었던 데에는 본인의 역량도 있었지만, 부인인 원경왕후 민 씨와 그 가문여흥민씨 가문의 도움이 지대하게 작용했다. 민 씨 가문은 고려 시대 때 문벌귀족, 권문세족을 거치며 상당한 영향력을 발휘했던 가문이다. 민 씨의 아버지인 민제는 고려 말 대학자성균관 사성이자 권신이었고, 조선 건국 직후에 한성판윤, 태종 즉위 직후에는 국구임금의 장인가 된다. 변방 장수에 불과했던 이성계는 자신의 정치적 영향력을 확대하기 위해 고려 권신들과 사돈 맺기를 도모했는데, 이때 이방원의 스승이기도 했던 민제와 사돈을 맺게 된 것이다. 민 씨는 무인정사제1차 왕자의 난 당시 이방원이 효율적으로 거사를 도모할 수 있게 도와줬다. 정도전의 주도로 이방원을 비롯한 왕자들의 사병 혁파가 이뤄질 때 민 씨는 은밀히 병장기들을 숨겨놨다. 또한 이방원이 무인정사 직전 불이 모두 꺼진 궁궐로 숙위 하러 갔을 때, 심상치 않음을 느낀 민 씨는 자신을 병간호해달라는 기지를 발휘해 이방원을 중간에 빼내려고 했다. 직후 이방원은 집으로 돌아와 민 씨와 처남 민무질을 만났고, 민 씨가 숨겨놨던 병장기들을 갖고 거사를 단행했다. 민 씨의 남동생들인 민무구와 민무질은 제1차 왕자의 난은 물론 제2차 왕자의 난과 조사의의 난 때도 이방원의 곁에서 맹활약을 펼쳤다. 이방원에게 있어 이만한 정치적 동지들은 없었다.

이방원과 민 씨, 그리고 민 씨 가문 간의 인간적인 관계도 매우 돈독했다. 일례로 이방원과 민 씨는 양녕을 낳기 전에 세 아들을 연이어 잃었다. 그럼에도 두 사람은 아픔을 딛고 노력을 지속해 양녕과 효령, 충녕을 얻는 기쁨을 누렸다. 이렇듯 이방원과 민 씨는 언제나 일상의 아픔과 기쁨을 함께 나누고 깊은 정을 통하며 살아나간 부부다. 이방원의 스승이자 장인이었던 민제는 일찍이 이방원의 자질을 알아봐 물심양면으로 지원을 아끼지 않았고, 이방원이 정신적으로 의지할 수 있는 큰 어른으로써 존재했다. 이방원의 자식들도 처가의 정성 어린 보살핌으로 건강하고 행복하게 성장할 수 있었다. 상당기간 처가살이를 했던 이방원은 그 시절에 자식을 잃은 아픔도 있었겠지만, 진정 어린 위안과 행복도 많이 느꼈을 것으로 보인다.

드리우는 먹구름

매우 양호했던 이방원과 민 씨 및 민 씨 가문의 관계는 이방원이 왕이 되면서 서서히 금이 가기 시작했다. 발단은 이방원이 후궁들을 가까이 하면서다. 기실 전 근대사회에서 왕이 여색을 밝히는 것은 '군왕 무치君王無恥'라는 이유로 문제가 되지 않았다. 오히려 이를 통해 왕실을 번성케 하는 것은 권장할 만한 일로도 여겨졌다. 하지만 민 씨는 노골적으로 시기하고 질투했다. 심지어 이방원과 관계를 맺고 임신까지 한 후궁효순궁주 김 씨을 핍박하고 벌주기도 했다. 이에 이방원과 민 씨는 대놓고 싸우는 일이 잦았다. 갈등이 극단으로 치달았을 때는 이방원이 민 씨를 보좌하던 시녀와 환관 20여 명을 내쳤고, 민 씨를 중궁전에 유폐시키기도 했다.

시간이 가도 부부간 갈등은 움츠러들 기미를 보이지 않았다. 급기야 이방원은 민 씨의 의도를 의심하게 된다. 민 씨가 단순한 질투를 넘어 자신의 가문 힘을 믿고 왕의 권위에 도전한다고 본 것이다. 이방원은 이성계의 총애에 기대 월권을 행사한 신덕왕후 강 씨 트라우마도 있었기 때문에, 민 씨의 언행에 더욱 민감하게 반응한 측면도 있다. 나아가 민 씨 가문의 '발호' 위험성에 대한 우려와 경계심도 날로 높아져 갔다. 이방원은 이미 고려 시대 때 외척 세력이 득세해 국가를 좌지우지했던 폐해를 잘 알고 있었다. 이 당시 민 씨 가문은 더할 나위 없는 막강한 권세를 보유하고 있었다. 일례로 세자 양녕의 혼담婚談 문제가 부상했을 때, 많은 사람들이 현직에서 은퇴해 재야에 머물고 있던 민제를 찾아가 의논하는 일도 벌어졌다. 이는 엄연히 왕과 대신들이 주도적으로 논의할 일이었다. 그만큼 민 씨 가문의 영향력이 드높아져 있었다는 것을 방증한다. 특히 이방원은 민 씨 가문 중에서도 민 씨의 남동생이자 자신의 처남인 민무구, 민무질 형제를 우려스러운 눈으로 지켜봤다. 이방원 자신이 살아있을 때는 모르겠지만, 자신이 죽고 세자인 양녕이 왕위에 오르면 혈기왕성한 외척 세력인 이들이 왕을 등에 업고 국정을 농단할 수도 있을 것으로 봤다. 상술했듯 양녕을 비롯한 이방원의 자식들은 어린 시절 이들의 손에서 자란 것이나 마찬가지였다. 자연스레 양녕과 왕자들의 주변에 삼촌들의 그림자가 짙게 드리워질 가능성이 높았다.

　이방원은 고심 끝에 최측근들을 불러 민 씨 가문을 시험 또는 숙청 하기 위한 준비에 들어간다. 그 시험이란 '충성심'이었다. 왕권 강화를 그 어느 것보다 중요한 가치로 여겼던 이방원은 비단 신하들 뿐만 아니라 민 씨 및 민 씨 가문 사람들도 군왕의 충성스러운 신하가 돼야 한다고 믿었다. 시험을 위한 수단은 예상 밖이었다. 바로 '선위禪位 파동'이다. 기실 선위 파동이 충성심 시험을 위한 수단이었는지는 명확하지 않지만, 후대의 역사가들은 결과적으로 선위 파동이 이방원의 노림수였다고 확신한다. 이방원이 왕위에 오른 지 얼마 안 된 1406년, 이방원은 조영무를 불러 충격적인 발언을 한다. 그동

숙청의 역사

안 천재지변自然災害이 많이 발생했는데 이는 모두 군왕인 자신이 덕이 없는 탓이며, 이에 자신은 상왕으로 물러나고 세자에게 왕위를 물려주겠다는 것이다. 이때 양녕의 나이는 불과 13세였다.

신하들은 난리가 났다. 즉시 궁궐로 뛰어들어가 무릎을 꿇고 선위 선언을 철회해 달라고 간청했다. 그러나 이방원은 요지부동搖之不動이었다. 이방원의 명을 받은 환관들은 이미 옥새를 세자 앞에 가져다 놓은 상태였다. 양녕이 그것을 받으면 새로운 왕이 등극하고 정국은 격변하게 될 것이었다. 하지만 양녕은 옥새를 받지 않았다. 대신들처럼 태종을 찾아가 선위 선언을 철회해 달라고 간청했다. 궁궐 상황이 긴박하게 돌아가는 가운데 이방원은 별안간 이숙번을 불러 모후인 신의왕후 한 씨의 얘기를 꺼낸다. 꿈속에 한 씨가 나와 자신을 꾸짖으며 "네가 나를 굶기려 하느냐"라고 말했다는 것이다. 이 말의 속 뜻이 궁금했던 이방원은 이숙번에게 어떻게 생각하는지를 물었다. 눈치가 빨랐던 이숙번은 "왕이 세자에게 선위 하면 종묘사직宗廟社稷이 위태로워져 어머니가 굶게 될 수도 있지 않겠습니까"라고 말했다. 이 말을 들은 이방원은 한동안 생각에 잠겼다. 그는 이숙번의 대답이 옳다고 생각했다. 결국 이방원은 이숙번에게 모후의 뜻을 받들어 선위 선언을 철회하겠다고 밝혔다. 이숙번은 밖으로 나가 신하들에게 왕의 뜻을 전했고, 비로소 궁궐을 크게 뒤흔들었던 선위 파동은 수면 아래로 가라앉게 됐다. 그러나 여기서 끝이 아니었다. 선위 파동은 조만간 더 거세게 휘몰아칠 폭풍우의 예고편에 불과했다.

민 씨 가문 숙청 ①

선위 파동 이후 1년이 지난 어느 날. 이방원의 삼촌이자 영의정 부사로 재직하고 있던 이화가 한 상소문을 들고 이방원 앞에 나타났다. 그 상소문은 바로 민무구와 민무질을 '탄핵' 彈劾하는 것이었다. 이화가 내세운 탄핵의 이유는 이방원이 선위 한다고 했을 때 다른 모든 신하들은 마음 아프게 생각했지만, 민무구와 민무질은 기뻐하는 빛을 얼굴에 나타냈다는 것이다. 또한 선위가 철회됐을 때 기쁘게 여기지 않는 신하가 없었는데, 되레 민무구와 민무질은 이를 슬프게 여겼다고 했다. 여기에 민무구와 민무질이 개인의 사리사욕을 채우기 위해 백성들을 핍박했다는 이유도 포함됐다. 이화의 배후에 이방원이 있었다는 것이 유력하다.

이방원은 이를 놓고 주변 대신들의 의견을 물었다. 평소 민씨 가문의 힘을 경계하고 있던 많은 대신들은 기다렸다는 듯 민무구와 민무질의 죄를 엄히 물어야 한다고 했다. 그런데 이방원의 최측근이자 브레인이었던 하륜의 생각은 좀 달랐다. 이방원이 하륜에게 물었을 때 그는 "마땅히 가벼운 법으로 다스려야 한다"라고 말했다. 하륜은 선위 파동 때의 민무구와 민무질의 행동을 객관적으로 판단할 수 없다고 봤다. 하지만 이방원은 하륜의 생각이 틀렸다고 전했다. 이방원은 이숙번을 하륜에게 보내 "경의 말은 곧 안창후 장우와 같다"라고 했다. 이는 하륜이 민 씨 가문의 눈치를 살피느라 제대로 직언하지 못한다는 말이었다. 결국 이방원의 의중은 민무구와 민무질을 결코 가볍게 다루지 않고 처벌하고야 말겠다는 것이었다.

일부 대신들과 이방원은 과거의 일까지 끌어들여 민무구와 민무질의 혐의를 추가하기도 했다. 일전에 이방원은 민무구를 불러 왕에겐 아들이 하나만 있어도 되냐고 물었다. 이 말을 들은 민무구는 "세자 이외에는 영특한 자가 없어도 좋고, 왕의 아들 중 영특한 자 많으면 필히 난을 일으킨다"라고 답했다. 이는 이방원이 일으킨 왕자의 난을 염두에 둔 발언이었다. 세자가 영특해 중심을 잡고 있으면 나라가 안정되지만, 세자가 아닌 왕자가 영특하면 또다시 골육상쟁骨肉相爭의 비극이 초래될 수도 있다는 염려였다. 어찌 보면 크게 문제 될 것은 없는 발언이었지만, 대신들과 이방원은 그냥 넘어가지 않았다. 세자를 위해 왕자들을 모두 죽이고, 나아가 왕의 씨를 없애버리려는 생각을 갖고 있다고 규정한 것이다.

민무구와 민무질은 헤어 나오기 쉽지 않은 곤경에 처했다. 그런데 이때에도 하륜만큼은 이들을 옹호하는 듯한 발언을 했다. 그는 "세자를 제거하려 했다면 죄를 이루 말할 수 없지만, 여러 아들을 제거하려고 하였으니 세자같이 중하지는 않다"라고 했다. 그러자 이방원은 황희를 보내 "이 말을 일찍이 다른 사람에게 한 적은 없는가. 다시는 가볍게 말하지 말라"라고 전했다. 이어 해당 말이 누설되면 큰 화를 입을 것이라고 경고했다. 상술했듯 이방원의 답은 정해져 있었다. 민무구와 민무질을 제거하는 것이 목적이었다. 하륜 역시 이방원의 뜻을 확실히 알아차렸다.

상황이 이렇게 되자 원경왕후 민 씨와 민제의 움직임이 바빠졌다. 이대로 가다간 목숨도 보장할 수 없다는 위기감이 팽배했다. 민제와 민 씨는 이방원을 만났다. 이방원은 공신들이라 그냥 넘어가려 했지만, 대신들의 요청이 너무 거세 그냥 넘어갈 수 없다고 했다. 그러자 민제는 아들들을 유배 보내 달라고 했다. 민 씨도 동생들의 혐의를 어느 정도 인정하며 유배에 동의했다. 결국 민무구와 민무질이 지방으로 유배를 가면서 사건은 일단락되는 듯 보였다. 기실 사료들을 보면 민무구와 민무질이 권력을 남용하는 등 경거망동輕擧妄動한 모습을 보인 흔적은 거의 없다. 이들은 눈치가 있었기 때문에 왕이자 매형인 이방원을 두려워했다. 민제 역시 아들들이 항상 낮은 자세로 조심히 행동하도록 조언한 것으로 전해진다.

그럼에도 상황은 악화일로를 걸었다. 얼마 지나지 않아 일부 대신들을 중심으로 민무구와 민무질을 '극형'에 처해야 한다는 주장이 강하게 제기됐다. 이 대신들은 추후 양녕이 왕위에 오르고 민무구와 민무질이 유배지에서 돌아오면, 자신들이 곤경에 처할 수 있다는 위기의식을 갖고 있었다. 이방원도 최종적으로 민무구와 민무질을 제거하려는 계획을 갖고 있음을 간파했기 때문에, 대신들은 더욱 극성스럽게 처벌을 주장했다. 그러나 이방원은 장인이자 스승이었던 민제를 의식해 일단 "어찌 그리 냉정한 일극형을 저지를 수 있겠느냐"라며 반대하는 모습을 보였다. 이후에 벌어진 일을 감안하면 이 발언은 그저 연기에 불과했다. 이때 민제는 병석에 누워있었고, 살 날이 얼마 남지 않아 보였다. 아들들의 앞날에 대한 걱정으로 민제의 말년은 불행했다.

민제는 태종 8년인 1408년 70세의 나이로 세상을 떠났다. 그가 사망하자 사위인 이방원과 자식들인 원경왕후 민 씨, 민무구, 민무질 등의 슬픔은 매우 컸다. 이방원은 직접 장인의 빈소를 찾았다. 아울러 유배를 가 있던 민무구와 민무질도 올라오게 해 장례를 치르게 했다. 아버지를 잃은 두 사람에 대한 연민이 작용하는 것처럼 보였다. 그러나 이는 일시적인 배려에 불과했다. 이방원은 무서울 정도로 냉정했다. 민제가 사망한 직후 이방원은 오랫동안 마음속에 담아뒀던 계획을 실행에 옮긴다. 그는 대신들을 불러놓고 다음과 같이 말했다. "민무구와 민무질이 어린 세자를 끼고 권력을 잡으려 했고 다른 왕자들을 죽이려는 음모도 꾸몄으니, 그들에게 '자진'自盡해 죽을 것을 명한다." 결국 유배지에 있던 두 형제는 스스로 사약을 마시고 숨졌다. 민 씨는 동생들을 살리기 위해 나름대로 구명救命 노력을 했지만, 이방원의 결단을 뒤집을 순 없었다. 민 씨는 궁궐에서 모든 사람들에게 들릴 정도로 대성통곡大聲痛哭을 한 것으로 전해진다. 하지만 이방원의 민 씨 가문 숙청은 아직 끝나지 않았다.

민 씨 가문 숙청 ②

민 씨 가문에는 민무구와 민무질 외에 민무휼과 민무회도 있었다. 민무휼과 민무회는 형들이 비극적으로 죽자 더욱 근신謹愼하는 모습을 보였다. 그들은 관직 생활을 마다하고 지방으로 내려가려고도 했다. 매형인 이방원을 두려워하면서 자신들도 언제든 숙청의 대상이 될 가능성이 있다고 봤다. 그러나 아무리 조심해도 한번 마음먹은 이방원의 칼날을 피해 가기엔 역부족이었다. 민 씨 가문의 남자들은 이미 완벽한 덫에 걸려든 셈이었다. 민무휼과 민무회 숙청을 야기한 발단은 비교적 사소한 것이었다.

민무구와 민무질이 숙청된 후 원경왕후 민 씨는 몸져누웠다. 남편인 이방원의 비정함을 저주하고 동생들을 안타까워하며 매일을 눈물로 지새웠다. 이에 어머니의 건강이 걱정됐던 세자 양녕과 효령, 충녕이 민 씨를 찾아왔다. 공교롭게도 이때 민무휼과 민무회도 누이가 걱정돼 찾아왔다. 이들은 한 자리에서 합심해 민 씨를 위로했다. 그러다가 바깥에서 양녕과 민무회가 잠시 대면하는 시간을 가졌다. 민무회는 대수롭지 않게 양녕에게 앞서 죽은 형들 얘기를 꺼냈다. 형들이 죄를 얻어 죽게 된 연유가 잘 이해가 되지 않는다는 것이었다. 이를 들은 양녕의 대답은 의외로 냉담했다. 그는 "민 씨 가문은 교만 방자하여 화를 입음이 마땅하다"라고 말했다. 민무회는 어이없어하며 "세자는 우리 가문에서 자라지 않았습니까"라고 되물었다. 양녕은 더 이상 대답을 하지 않았다. 대신 민무회의 발언을 마음 속에 담아뒀다.

이 일이 있은 후 한동안 시간이 흘렀다. 어느 날 황주목사

염치용이 민무회를 찾아왔다. 그는 얼마 전 태종이 판결한 노비 송사訟事에서 자신이 패소한 것에 불만을 표출했다. 그러면서 패소의 이유로써 돈이 많은 노비가 하륜을 통해 태종에게 청탁을 했기 때문이라고 했다. 민무회는 이 얘기를 사석에서 만난 충녕에게 전했다. 그런데 충녕은 이방원에게 찾아가 민무회가 말한 내용을 그대로 전달했다. 이방원은 대로했다. 즉각 반역죄를 적용해 염치용 등을 유배 보냈고, 바로 보고하지 않았다는 이유를 들며 민무회의 관직도 삭탈했다.

불길한 먹구름은 계속 밀려왔다. 이번엔 민무휼의 장인이자 우의정이었던 이직이 염치용 사건과 관련해 문제를 일으켰다. 그는 염치용이 단지 순간적인 분을 참지 못해 실수를 한 것뿐인데, 반역죄까지 적용해 유배를 보낸 것은 지나친 처사라고 비판했다. 이 발언 역시 이방원의 귀에 들어갔다. 이직은 추궁을 당한 후 지방으로 유배를 떠났다. 그런데 이 사건은 여기서 끝나지 않았고, 그 여파가 걷잡을 수 없이 확대된다. 염치용 사건을 유심히 지켜보던 세자 양녕이 별안간 이방원을 찾아갔다. 양녕은 그 자리에서 민무휼과 민무회를 헤어 나올 수 없는 곤경에 빠뜨린다. 과거 원경왕후 민 씨 문병을 갔을 때 민무회와 나눴던 대화를 그대로 보고한 것이다. 양녕이 이 같은 행동을 한 이유는 민무회의 전례를 의식했기 때문으로 보인다. 민무회가 염치용과 한 대화를 즉각 보고하지 않았다는 이유로 처벌을 받았었기 때문에, 양녕 본인도 문제가 되는 대화를 묵과하고 있다가 화를 당할 수 있다고 생각했던 것이다.

보고를 받은 이방원은 기다렸다는 듯 민무휼과 민무회를 체포해 국문했다. 두 형제에겐 '불충'不忠의 죄가 씌워졌고, 혹독한 고문이 뒤따랐다. 이후 두 형제는 멀리 유배를 갔다. 이방원의 의도가 두 형제의 완전한 제거에 있다고 판단한 신하들은 일제히 민무휼과 민무회를 극형에 처해야 한다고 주청 했다. 원경왕후 민 씨는 이대로 가다간 남은 두 동생들마저 잃게 될 것 같았다. 그는 이방원을 찾아가 눈물을 쏟으며 아우들을 살려달라고 간청했다. 그러나 이방원의 마음은 이미 정해져 있었다. 그는 왕권에 위협이 될 수 있는 외척 세력을 결코 용납하지 않을 것이었다. 결국 이방원은 또 하나의 명분을 찾아내 민무휼과 민무회를 완전히 제거하게 된다.

그 명분은 13년 전에 있었던 효순궁주 김 씨 사건이었다. 이 시기는 이방원이 민 씨를 제치고 후궁들을 가까이할 때였다. 효순궁주 김 씨는 원경왕후 민 씨가 왕비가 되기 전 사가에서 거느리던 여종이었다. 이방원은 김 씨를 가까이했고, 급기야 그녀는 이방원의 아이경녕군를 임신했다. 질투가 가득했던 민 씨는 계집종인 삼덕을 시켜 김 씨를 끊임없이 감시했다. 김 씨가 출산하려 할 땐 민 씨와 그 남동생들이 해산을 방해하고 구호조치를 못하게 하는 등 크게 핍박했다. 김 씨는 죽기 직전까지 갔으나 가까스로 목숨을 부지했다. 당시 이방원은 이 사건을 전혀 모르고 있다가 13년이 지나서야 알게 됐다. 이방원은 또 한 번 대로했고, 경녕군 모자 핍박 사건을 민무휼과 민무회의 죄목으로 추가했다.

두 형제를 죽이라는 신하들의 요구도 갈수록 거세지는 가운데 이방원은 명했다. "두 형제의 주변을 굳게 지켜 도망치지 못하게 하고, 만약 자진하고자 하거든 말리지 마라." 넌지시 자진할 것을 강제한 것이다. 이방원의 의중을 눈치챈 민무휼과 민무회는 스스로 목숨을 끊었다. 한 때 한 시대를 주름잡았던 민 씨 가문은 멸문에 가까운 몰락을 했다. 일찍이 이방원의 재목材木을 알아보고 아낌없이 지원해 왕위에 앉혔지만, 돌아온 것은 이방원의 철저한 외척 숙청과 피눈물이었다. 사실상 홀로 남게 된 원경왕후 민 씨는 죽을 때까지 남편 이방원을 증오하고 동생들을 그리워하며 살았다.

세자 교체

이방원과 민 씨는 앞서 세 아들을 잃고 양녕을 얻었기 때문에 그 누구보다 양녕을 아꼈다. 왕이 된 이방원은 얼마 지나지 않아 양녕을 세자로 책봉했다. 이방원은 장자가 왕위를 잇는다는 '적장자 승계 원칙'에 집착해 비록 셋째 충녕이 어릴 때부터 두각을 나타냈지만 매우 당연하게 양녕을 후계자로 삼았다. 이방원이 양녕에 기대하는 바도 컸다. 이에 따라 양녕은 세자가 된 직후 혹독한 교육을 받게 된다. 이때 세자 교육을 담당한 사람은 권근이다.

그런데 양녕은 공부와는 거리가 멀었다. 책상에 앉아 공부하는 것보단 밖에 나가 몸으로 활동하는 것을 좋아했다. 어느 날은 공부를 너무 하기 싫었던 양녕이 권근에게 "과거시험을 볼 것도 아닌데, 이렇게 열심히 공부를 할 필요가 있느냐"라며 따져 묻기도 했다. 이에 권근은 "아니다. 보통 사람은 한 가지 재주라도 있으면 입신출세할 수 있지만, 윗사람임금은 배우지 않고는 정치를 할 수 없고 정치를 못하면 나라가 망한다"라고 답했다. 그럼에도 양녕은 좀처럼 마음을 다잡지 못했다. 양녕이 계속 공부를 소홀히 하는 모습을 보이자, 이방원은 세자의 내관인 노분의 볼기를 치기도 했다. 이방원은 세자의 스승들에게도 보다 엄격히 세자를 가르치라고 독촉했다. 심상치 않은 임금의 심기에 놀란 스승들은 양녕 앞에서 "학문에 힘쓰지 않으면 이것은 불효"라고 간절히 타일렀다.

일찍부터 세자로서 불안정한 기색을 나타냈던 양녕은 17세가 되자 본격적으로 엇나가기 시작한다. 발단은 양녕이 여색에 눈을 뜨면서다. 양녕을 거쳐간 여자들은 많았는데, 우선 봉지련이란 기생을 꼽을 수 있다. 그녀는 명나라 사신을 환대하는 잔치에서 양녕의 눈에 들었다. 잔치가 끝난 후 양녕은 봉지련을 반강제적으로 데려와 동침同寢했다. 양녕의 기행은 즉시 이방원에게 알려졌다. 화가 난 이방원은 봉지련을 잡아가뒀고, 양녕을 심하게 다그쳤다. 양녕도 만만치 않았다. 그는 봉지련 석방을 요구하며 단식 투쟁을 벌였다. 당황한 이방원은 다음엔 이러지 말라며 양녕의 요구를 들어줬다.

하지만 양녕의 기행은 이제부터 시작이었다. 궁궐에 매를 들여와 키웠고, 노비가 몰래 데려온 기생을 취하기도 했다. 또한 궁궐 밖으로 나가 무뢰배들과 어울리거나 그들을 궁궐 안으로 불러들여 함께 술판을 벌이기도 했다. 공부는 완전히 뒷전이었다. 이방원은 차기 군왕으로 부적합해 보이는 양녕의 행태에 분노하면서도 결국엔 용서하고 기회를 주기 일쑤였다. 그만큼 양녕을 아꼈기 때문이다. 이런 가운데 셋째인 충녕은 서서히 두각을 나타내기 시작했다. 충녕은 기본적으로 공부와 책 읽기를 좋아했다. 이것이 워낙 지나쳐 이방원은 충녕이 보는 책들을 잠시 치워두기도 했다. 시간이 갈수록 충녕의 학문 깊이는 깊어졌고, 다방면에 통달하지 않은 것이 없었다.

양녕의 계속된 기행에 지쳐가던 이방원도 조금씩 충녕을 눈여겨봤다. 심지어 이방원은 양녕에게 충녕을 좀 본받으라고 충고하거나 충녕을 대놓고 두둔하기도 했다. 한 때 양녕이 이방원에게 "충녕은 용맹하지 못하다"라고 말하자, 이방원은 "비록 용맹하지 못한 듯하나, 큰 일에 임하여 대의를 결단하는 데에는 당세에 더불어 견줄 사람이 없다"라고 답했다. 충녕 역시 자신의 능력을 알아보고 차기 대권에 대한 야망을 가졌던 것으로 보인다. 이에 따라 양녕과 충녕 간에 신경전도 있었다. 어느 날 양녕이 화려한 복장을 입고 "신채神采가 어떠한가"라며 충녕에게 물으니, 충녕이 "먼저 마음을 바로 잡은 뒤에 용모를 닦으시기 바란다"라고 답했다. 또한 양녕이 매형 이백강의 기생을 데려오려 하자, 충녕이 만류하며 "친척 중에서 서로 이같이 하는 것이 과연 옳은 것이냐"라며 따지기도 했다. 이 말을 들은 양녕은 크게 노했으나 애서 따랐고, 이후로 충녕을 매우 꺼려하며 멀리했다.

다만 이때까지도 세자로서의 양녕 지위는 매우 불안정했지만 유지될 듯 보였다. 상술했듯 이방원이 적장자 승계 원칙에 집착했고, 양녕이 진심으로 허물을 뉘우치는 듯한 행동도 자주

했기 때문이다. 양녕은 크고 작은 문제를 일으킨 후 땅에 엎드려 흐느껴 울면서 "이 뒤로는 다시 이 같은 일을 하지 않을 것"이라고 말했다. 나아가 종묘宗廟에 가서 "마음을 깨끗이 하고 자애자신할 조목을 갖추어 조종의 영전에 다짐한다. 이 말에 변함이 있으면 조종의 영령께서 반드시 벌을 내려 용서하지 마소서"라고 밝히기도 했다. 충녕을 바라보는 이방원의 시선도 차기 군왕 후보로서가 아닌 양녕의 국정 조력자로서의 시선이었다.

하지만 끝내 양녕을 '폐세자'로 이끄는 중대한 사건이 발생한다. '어리' 사건이었다. 어리라는 여인은 중추 곽선의 첩이었는데, 그 미모가 실록에 자세히 기록될 정도로 대단했다. 어리의 명성을 접한 양녕은 가만히 있지 않았다. 우선 측근에게 어리를 데려오라고 명했다. 측근이 찾아갔지만, 어리는 배우자가 있다며 거절했다. 그러자 양녕은 직접 어리를 찾아가 강제로 데려왔다. 양녕의 처소에 온 이후에도 어리는 계속 양녕을 거부했지만, 양녕이 끈질기게 회유하자 결국 마음을 열었다. 날이 갈수록 양녕과 어리의 애정행각은 깊어졌고, 이 소식은 이방원에게 은밀히 보고되기에 이른다.

이방원은 즉각 양녕을 불러 심하게 꾸짖었고, 어리를 궁궐 밖으로 내쫓았다. 양녕은 울면서 잘못을 뉘우치는 듯한 모습을 보였다. 이에 이방원은 다음엔 그러지 말라며 용서해 줬다. 그러나 양녕의 반성은 잠깐이었고, 다시 어리와 어울리게 된다. 양녕의 장인인 김한로가 자신의 집에 어리를 숨겨뒀다가 양녕에게 몰래 넘겨준 것이다. 이번엔 둘 사이에서 단순 애정행각만이 있었던 것이 아니라 임신하는 일까지 발생했다. 이 사실을 알아챈 이방원은 대로했고, 양녕을 꾸짖는 것은 물론 장인 김한로에게도 징계를 가했다. 다만 이방원은 양녕에게 마지막으로 용서해주겠다고 했다.

양녕은 끝내 달라지지 않았다. 또다시 어리를 찾아갔다. 나아가 주변 사람들에게 이방원에 대한 원망을 대놓고 표출하기도 했다. 급기야 양녕은 이방원에게 편지를 써서 따졌다. 편지의 내용은 그동안 애써 참아왔던 이방원을 폭발하게 만들 정도로 매우 자극적이고 무례했다. 우선 이방원의 여자 문제를 건드렸다. 이방원은 후궁을 9명이나 들였는데 자신은 어리 한 명을 만나면 안 되냐는 것이었다. 이어 이방원의 최측근인 하륜은 죄가 많음에도 사사로이 용서를 했으면서, 장인인 김한로는 자신을 도와줬다는 이유 하나만으로 내칠 수 있냐고 따졌다. 끝으로 이 자식이 향후 크게 효도하리라는 것을 알지 못하겠느냐며, 겨우 어리라는 첩 하나를 내쫓으려다 잃는 것은 많을 것이요, 얻는 것은 적을 것이라고 했다. 마지막 내용은 훗날 효도를 받고 싶으면 자신에게서 어리를 떼어놓지 말라는 경고였다.

편지를 다 읽은 이방원은 한동안 말이 없었다. 어렵게 얻은 장남을 극진히 사랑해 오랜 기간 참고 용서했지만 더 이상은 힘들었다. 그는 무너지는 마음을 부여잡고 대신들을 불렀다. 그리고 양녕의 편지를 건넸다. 편지를 다 읽은 대신들은 우선 이방원의 의중을 살폈다. 그의 마음이 양녕에게서 완전히 떠난 것을 확인한 대신들은 즉각 세자를 폐위하라고 청했다. 결국 이방원은 대신들의 요구를 받아들이는 형식으로 양녕을 세자 자리에서 끌어내렸다. 이때 이방원은 대성통곡을 한 것으로 전해진다. 그런데 이후 이방원은 이해할 수 없는 발언을 한다. 새로운 세자를 세우는 것이 아닌 양녕의 두 아들 중에서 '세손'을 고르려 했던 것이다. 이는 이방원의 노림수로 여겨진다. 일부러 대신들의 반발을 유도한 후 이를 명분으로 충녕을 세자로 삼으려 했던 것으로 보인다.

예상대로 대신들은 크게 반발했다. 세손을 세울 것이 아니라 '어진 이'를 세자로 세워야 한다고 주청 했다. 이방원이 어진 이가 누구냐고 물었다. 대신들은 셋째인 '충녕대군'이라고 답했다. 이방원은 대신들의 청을 받아들였다. 다만 세종 대의 명재상으로 꼽하는 '황희'는 끝까지 양녕 폐위 및 세자 충녕을 반대했다. 이로써 말도 많고 탈도 많았던 양녕은 폐세자가 됐고, 새로이 충녕이 세자 자리에 올랐다. 한 때 일국의 세자였던 양녕은 이제 궁궐을 떠나야 할 처지가 됐다. 많은 신하들은 양녕을 멀리 보내야 한다고 했지만, 이방원의 생각은 달랐다. 아버지로서 끝까지 아들을 생각했다. 이에 따라 한양과 가까운 경기도 광주에 거처를 마련해 줬다. 이는 원경왕후 민 씨의 간청도 한 몫한 것이었다. 또한 이방원은 양녕이 세자 자리를 스스로 사양한 것으로 만들었고, 어리를 양녕에게 보내 같이 살게 해 줬다.

강상인의 옥

애초 가능성이 거의 없었지만 극적으로 세자가 된 충녕. 이방원은 비록 셋째이지만 충녕이 왕으로써 손색이 없다고 일찍이 생각했던 듯하다. 충녕이 세자에 오른 지 두 날 만에 선위까지 한 것이다. 더욱이 이방원 자신이 이미 50세가 넘었던 만큼, 만약의 경우를 대비해 충녕을 미리 실전에 투입, 국정의 안정을 도모하려 했던 것으로도 보인다. 다만 막후에서 어느 정도 뒷받침이 필요하다고 판단해 군권과 인사권은 상왕인 이방원이 가졌다. 앞으로 신하들은 이와 관련된 사안만큼은 여전히 이방원에게 보고해야 했다.

한편 세종이 즉위하자 그의 처가인 청송심 씨 가문이 주목받기 시작했다. 마치 태종이 즉위하자 그의 처가인 여흥민 씨 가문이 주목받았던 것처럼 말이다. 심 씨 가문은 오랜 기간 명문가로 통했다. 세종의 장인이었던 심온의 아버지 심덕부는 고려 말 최무선과 왜구 토벌의 공을 세웠고, 한양 궁궐 및 종묘 건설의 총책임자이기도 했다. 심온은 고려 말 문과에 급제했고, 조선이 개국된 직후 병조, 공조의 의랑을 지냈다. 정종 때엔 대호군, 태종 때엔 풍해도 관찰사, 대사헌, 형조, 호조판서, 한성부판윤, 이조판서 등 요직을 두루 거쳤다. 세종이 즉위한 직후엔 영의정까지 올랐다. 이는 비교적 별 볼 일 없었던 양녕의 처가인 김 씨 가문과 대비됐다. 그러나 이 같은 상반된 모습은 훗날 두 가문의 운명을 크게 좌우한다.

세종이 즉위한 후 잠시동안 조정은 평탄하게 돌아갔다. 세종은 군왕으로써 빠르게 안착하는 모습을 보였다. 신하들은 세종을 중심으로 조화롭게 뭉쳤다. 하지만 평화로운 모습은 오래가지 못했다. 잊을 만했던 불길한 숙청의 먹구름이 또다시 엄습하기 시작했다. 발단은 이방원의 군권과 관련한 사소한 사건에서였다. 세종 초 국방을 담당하는 병조참판 자리엔 오랜 기간 이방원의 측근이었던 강상인이 있었다. 그는 사실상 병조의 일인자로서, 그곳에서 행해지는 모든 대소사를 책임지고 있었다. 그런데 어느 날, 이방원이 강상인을 불러 병조에서 만든 오매패와 상아패의 용도에 관해 물었다. 강상인은 왕이 '대신들'을 부를 때 사용하는 물건이라고 답했다. 이방원은 본인에게 필요 없는 것이라며 세종에게 이를 가져다주라고 했다. 강상인은 아무렇지 않게 명을 따랐다.

그러나 실상은 달랐다. 왕의 수결手決을 새긴 상아패는 왕명에 의해 군대를 소집하거나 궁궐의 문을 여닫을 때 제시되는 것이었고, 속이 검은 매화나무로 만든 오매패는 왕이 대신과 장수를 소집할 때 사용하는 것이었다. 즉 이방원이 갖고 있던 군권의 상징이었다. 이방원은 이를 알면서도 강상인과 병조를 시험하기 위해 위와 같이 말을 했던 것으로 보인다. 기실 세종 즉위 후 병조가 이방원보다 세종에게 먼저 보고를 하는 경우가 심심치 않게 있었고, 이방원은 이를 예의주시했던 것으로 전해진다. 세종을 찾아간 강상인은 오매패와 상아패를 전달했다. 세종도 이방원처럼 이것의 용도를 물었다. 강상인은 왕이 '장수들'을 부를 때 사용하는 물건이라고 답했다. 세종은 군권에 관련된 것이라며 이를 다시 이방원에게 전달하라고 했다. 이때부터 강상인은 뭔가 심상치 않음을 느꼈을 것으로 보인다. 강상인이 다시 이방원을 찾아가 고했을 때, 이미 이방원은 화가 잔뜩 나있는 상태였다. 이방원은 군권에 관련된 것은 무조건 자신에게 보고하라고 하지 않았느냐며 강상인을 책망했다. 대대적인 처벌이 뒤따랐고, 강상인은 병조참판에서 관노로 전락했다. 그런데 이 사건은 여기서 끝난 것이 아니었다. 훗날 심 씨 가문 숙청이라는 더 큰 소용돌이의 예고편이었다.

심 씨 가문 숙청

세종이 즉위한 후 조선은 상국인 명나라에 이를 알려야 했다. 이방원은 이제 막 영의정에 오른 심온에게 해당 역할을 맡겼다. 심온은 그 즉시 명나라로 떠날 준비를 했다. 이후 준비를 마친 심온이 일행들과 함께 도성문을 나가려고 할 때 수많은 환송인파가 몰렸다. 실록은 "영광과 세도가 혁혁하여 이날 전송 나온 사람으로 장안長安이 거의 비게 됐다"라고 전했다. 오래된 명문가의 수장일 뿐 아니라 현 국왕의 장인인 만큼, 그 엄청난 힘을 가늠할 수 있는 장면이었다. 그러나 이방원은 이 장면을 매우 우려스러운 눈으로 지켜봤다. 외척 세력을 결코 용납하지 않았던 이방원에게, 심 씨 가문과 심온은 그냥 넘어갈 수 없는 대상이 됐다. 오래전부터 청송심씨 가문의 권세를 알던 이방원은 충녕이 세자가 됐을 때 이미 심 씨 가문 숙청을 마음먹은 것으로 보인다.

심온 일행이 떠난 직후 이방원은 가차 없이 칼을 빼들었다. 그는 심온을 잡기 위한 명분으로써, 얼마 전 있었던 강상인 사

숙청의 역사

건을 다시 끄집어냈다. 이방원은 그때 군에 관련된 일을 자신에게 보고하지 않은 것이 강상인 개인의 실수가 아니라 '조직적인 음모'라고 규정했다. 이어 그 음모의 중심에 심온이 있다고 단정 지었다. 당시 심온의 친동생인 심정도 병조 일을 맡고 있었는데, 이 심정이 심온의 지시를 받아 강상인과 함께 모의했다는 것이다. 사실상 억지였다. 심온이 이 같은 혐의에 연루됐다는 증거는 어디에도 없었다. 다시 국문을 받게 된 강상인도 말이 안 되는 얘기라며 반발했다.

하지만 이방원은 단호하고 집요했다. 측근들에게 강상인으로부터 반드시 자백을 받아내라고 명했다. 유정현과 박은은 이 명령을 받들기 위해 강상인을 혹독하게 고문했다. 답은 정해져 있었고, 그 답이 나올 때까지 고문은 계속됐다. 지쳐버린 강상인은 조금씩 입을 열기 시작했다. 그는 처음엔 병조판서 박습, 이조참판 이관, 동지총제 심정과 논의했다고 밝혔다. 심온을 입에 담진 않았다. 고문이 이어졌다. 심온이라는 대답이 나와야만 했다. 결국 강상인의 입에서 심온도 함께 했다는 말이 나왔다. 이방원은 즉각 반응했다. 강상인과 이관, 심정 등을 처형하고, 명나라에 간 심온은 돌아오는 즉시 압송하라고 명했다.

명나라에서 제 역할을 마친 심온은 의주에 도착하자마자

대기하고 있던 군사들에게 체포됐다. 영문도 모른 채, 큰 칼을 목에 차고 의금부로 압송돼야 했다. 그는 한양에 당도하자 비로소 자신이 위와 같은 혐의로 대역죄인이 됐다는 사실을 깨달았다. 심온은 강상인과의 대질을 강하게 요구했다. 자신의 결백을 입증할 방법은 이것밖에 없었다. 그러나 강상인은 이미 처형된 뒤였다. 이방원은 이를 대비해 강상인을 미리 없앤 것이다. 심온은 이 모든 것이 이방원의 의도라는 것도 알게 됐다. 너무 억울하지만, 도무지 어찌할 방도가 없었다. 결국 심온은 혐의를 인정했다. 이방원은 그에게 사약을 내렸고, 아내와 자녀들을 관노로 삼았다. 조선에서 손꼽혔던 명문가인 심 씨 가문은 하루아침에 몰락했다.

세종의 부인이자 심온의 딸인 소헌왕후는 당연히 큰 충격에 빠졌다. 곡기穀氣를 다 끊어버리고 드러누웠다. 이런 상황에서 신하들은 소헌왕후도 폐위할 것을 이방원과 세종에게 주청했다. 대역죄인의 딸이 일국의 왕비로 있을 순 없다는 것이었다. 하지만 세종이 단호하게 반대했다. 무엇보다 당시 소헌왕후가 안평대군을 임신하고 있었기 때문에 더욱 그랬다. 세종은 아버지인 이방원에게 대놓고 반발하진 못했지만, 몸져누운 소헌왕후 옆을 단단히 지켰다. 이를 본 이방원은 소헌왕후를 찾아가 "왕비를 폐하는 일은 없을 것이니, 염려 말고 일어나 밥을

먹도록 하라"라고 말했다. 이방원 입장에선 외척 세력 숙청이
라는 소기의 성과를 달성했으니, 굳이 아무 힘도 없는 왕비까
지 폐위할 필요는 없었다. 그녀는 가까스로 자리를 지켰다. 이
후 세종 대에 들어서 소헌왕후의 어머니인 안 씨의 신분도 회복
됐다. 다만 심온은 이방원은 물론 세종 시대에도 복권復權되지
못했다. 세종은 심온을 복권할 경우 자신의 아버지가 행한 일
이 잘못된 것으로 평가받을 수 있다는 점을 경계했다. 심 씨 가
문 숙청을 끝으로 길고 길었던 이방원의 외척 숙청 작업은 종료
됐다. 사실상 세종의 왕권에 조금이라도 걸림돌이 될 만한 존
재들은 모두 사라졌다. 이방원은 심 씨 가문 숙청 후 4년이 지
난 1422년 5월 10일에 세상을 떠났다. 이방원이 승하하면서 비
로소 세종의 시대가 열렸다.

06

세조의 '충신 숙청'

정통성 없는 왕의 잔혹한 무리수

조선의 헌정질서 파괴 사건 전말

서울시 노량진로 사육신역사공원.   한국관광공사.

擊鼓催人命 북소리 둥둥 울려 목숨 재촉해

回頭日欲斜 고개 돌려 바라보니 해는 기울어

黃天無一店 황천 길엔 주막 한 곳 없다니

今夜宿誰家 이 밤을 뉘 집에서 묵어갈고

_성삼문『절명시』中

신생국가 조선은 세종대왕 대에 이르러 마침내 반석 위에 올랐다. 정치, 경제, 문화, 과학, 학문 등 다방면에서 눈에 띄는 발전이 있었다. 건국 초 '왕자의 난'과 '조사의의 난' 등 숱한 어려움을 극복하고 비로소 장거리를 뛸 수 있는 기반이 마련된 것이다. 태평성대太平聖代는 세종 이후에도 능력과 정통성이 있는 후계자들에 의해 변함없이 지속될 것처럼 보였다. 하지만 그렇지 못했다. 감히 왕위를 넘봐서는 안 됐던 세종의 둘째 아들 '수양대군'세조이 전면에 등장, 또다시 쿠데타를 일으키며 정국에 피바람을 몰고 왔다. '계유정난'癸酉靖難에 의해 김종서, 황보인 등 선왕의 충신들이 대거 척살됐고, 친동생인 안평대군도 죽임을 당했다. 이후 수양대군은 조카인 단종의 왕위를 찬탈하기까지 했다.

비록 왕위에 오르긴 했지만, 세조는 '정통성'이 거의 없다시피 한 군왕이었다. 그러다 보니 곳곳에서 저항이 일어났고, 세조는 이를 잔혹한 방법으로 탄압했다. 대표적인 것이 바로 '사육신' 사건이다. 성리학적 명분론을 중시했던 성삼문, 박팽년 등 집현전 유학자들은 세조를 충의를 저버린 역적으로 규정, 급기야 '단종 복위 운동'을 일으켰다. 그러나 내부의 배신자로 인해 거사는 실패했고, 세조는 사육신을 포함한 수십 명의 '충신'들을 사지를 찢는 방법까지 동원해 죽였다. 정통성이 없는 왕은 이런 잔혹한 방법을 통해야만 권력을 유지할 수 있다고 판단했다.

세조는 당대에는 힘으로써 승리했을지 모르지만, 역사 속에서는 패배했다. 그는 조카와 충신들을 죽여가며 적장손 왕위 계승 등 조선의 유교적 헌정질서를 파괴했다. 특권을 갖는 '공신' 세력을 양산해 후대에 왕권 약화 및 당파 싸움을 초래하는 단초를 제공했다는 비판도 받는다. 군왕으로써의 직무 수행에 있어선 분명 잘 한 부분이 많음에도 불구하고, 앞서 서술한 심각한 행위들이 그 모든 것들을 묻어버렸다. 반면 사육신 등 세조에게 죽임을 당한 충신들은 당대에는 패배했지만, 역사 속에서는 승리했다. 세조가 키운 공신들이 판을 쳤던 조선 초기를 벗어나 조선 중후기부터 사육신 등과 결을 같이 하는 '사림'士林이 전면에 등장하면서 이들에 대한 재평가가 이뤄졌다. 이후 현재에 이르러선 '충절의 화신'으로 규정됐다. 결국 후대의 사람들은 업적이 아닌 올바른 도리인 '정의'에 입각해 세조와 사육신, 단종, 그리고 그 시대상을 평가한 것이다. 정통성 없는 왕의 잔혹한 무리수, 세조의 '충신 숙청'을 되돌아봤다.

수양대군과 넘보기 힘든 옥좌

수양대군은 세종대왕의 둘째 아들로 태어났다. 세종의 아들들이 대체로 그렇듯 수양대군 역시 재능이 있는 인물이었다. 특히 무인적인 기질이 뛰어났다. 신체가 건장했고 완력도 강해 탄력이 센 활을 능숙하게 다뤘다고 한다. 반면 친동생인 안평대군은 학문과 예술에 뛰어났다. 세종은 수양대군과 안평대군을 정사에서 완전히 배제시키지 않고 어느 정도 역할을 맡겼었기 때문에, 이들은 적지 않은 정치적 기반도 갖추고 있었다. 이를 통해 수양대군은 일찍이 왕위에 대한 야심을 가졌을 것으로 추정된다.

그럼에도 수양대군은 쉽사리 왕위를 넘볼 수 없는 위치에 있었다. 무엇보다 친형이자 적장자인 문종이 워낙 뛰어났기 때문에 수양대군은 상대적으로 가려진 존재였다. 문종은 어릴 때부터 태종 이방원과 신하들을 놀라게 할 만큼 총명했고, 시간이 갈수록 성군적 자질이 다분한 군왕으로 성장해 나갔다. 특히 세종 치세 때 측우기와 화차^{이동식 대포} 등 기발한 발명품들에 대한 아이디어를 제시했으며, 세종의 치세 마지막 7년은 사실상 문종이 혼자서 국정을 잘 돌봤다. 외모도 매우 출중해 문종을 본 명나라 사신은 "이 나라는 산천이 아름답기 때문에 인물도 이렇게 아름다운가"라며 감탄하기까지 했다. 넘치는 자신감을 갖고 있던 문종은 스스로를 '제갈공명'에 비유했다.

그러나 문종에게는 치명적인 약점이 있었다. 건강이 좋지 못했던 것이다. 세종 말기 때 과도한 업무와 어머니, 아버지의 죽음에 따른 연이은 3년상으로 병세가 급격히 악화됐을 것으로 추정된다. 이에 따라 즉위 2년밖에 안 된 1452년 5월에 문종은 승하하게 된다. 일각에서는 수양대군이 전순의라는 어의를 앞세워 문종을 독살했을 수도 있다는 주장이 강하게 제기된다. 성군으로 칭송을 받았던 아버지에 버금가는, 아니 어쩌면 아버지를 능가할 수도 있었던 전도유망한 왕이 죽자 조정의 신하들과 백성들의 슬픔은 이루 말할 수 없었다. 실록은 "임금이 승하하자 이를 슬퍼하는 것이 선왕 세종 때보다 더하였다"라고 전하고 있다. 문종의 뒤를 이어 아들인 단종이 즉위했지만, 나이가 13세에 불과했고 정치적 뒷받침도 부실했다. 보통 어린 임금이 즉위하면 가장 서열이 높은 대왕대비가 '수렴청정'垂簾聽政을 하는 것이 일반적인 관례였지만, 당시 단종 곁에는 수렴청정을 할 대비도 없었다.

문종의 죽음과 단종의 즉위는 야심이 있는 수양대군에게는 절호의 기회였다. 다만 수양대군을 곱지 않은 시선으로 바라보는 세력이 곳곳에 도사리고 있는 만큼, 여전히 수양대군에게 옥좌는 요원해 보였다. 대표적인 세력은 '4군 6진' 개척으로 유명한 좌의정 김종서, 영의정 황보인, 우의정 정분 등이었다. 이들은 문종에게 "단종을 잘 보필해 달라"는 부탁을 받은 고명대신들이었다. 단종에게 위협이 될 만한 세력은 사실상 수양대군이 유일했기 때문에 고명대신파는 수양대군을 경계했다. 아울러 안평대군 등도 수양대군을 경계했다. 추후에 고명대신파와 안평대군은 수양대군을 의식해 손을 잡는 모습도 보인다. 단종도 잠재적 대권주자가 될 수 있는 수양대군보단 아버지 문종이 신뢰했던 최측근들인 고명대신파에게 의지하는 모습을 보였다. 이렇다 보니 부작용도 있었다. 고명대신파가 인사 정책 등에서 '월권'으로 비칠 수 있는 행동도 했기 때문이다. 이른바 '황표정사'黃標政事로써, 의정부 대신들이 낙점한 사람의 이름에 누런 종이쪽지황표를 붙이면 임금이 그대로 임명하는 것이었다. 이는 추후 수양대군이 정변을 일으키는 데에 있어 중요한 명분이 된다.

거사 움직임

극히 어려운 상황 속에서 수양대군은 무엇을 했을까. 그는 굴하지 않고 뜻을 함께 할 동지들을 만들어나갔다. 다분히 왕위 및 거사를 의식한 행동이었다. 단종 즉위 후 2개월이 지난 어느 날, 수양대군은 자신의 집에서 문과에 장원급제하고 사헌부 감찰을 지냈던 권람을 만났다. 이 자리에서 수양대군과 권람은 정국 현황 및 앞으로의 전망에 대해 거침없이 논의했다. 수양대군과 가까워진 권람은 범상치 않은 한명회도 소개해줬다. 한명회는 추후 계유정난과 세조 치세의 설계자가 된다. 또한 정치깡패이자 연쇄살인마인 홍윤성도 수양대군 밑에 들어왔다. 수양대군은 세력 규합과 더불어 본인에게 불리해질 수 있는 정책들을 대놓고 반대하는 모습도 보였다. 다분히 수양대군을 겨냥해 김종서 등이 추진한 '분경奔競 금지'에 대해 적극적으로 이의를 제기한 것이다. 분경은 벼슬을 얻기 위한 엽관운동을 말한다. 당시 대군 등 권세가들의 주변에는 인사청탁을 하기 위해 사람들이 몰렸다. 이는 자연스레 '세력화'로 연결될 가능성이 높았다. 그런데 분경을 금지하면 이의 가능성이 원천 차단돼 힘을 잃을 수도 있는 만큼, 수양대군은 대놓고 반대했다. 결국 그의 의도대로 분경 금지건은 철회됐다.

단순 야심을 넘어 왕권을 향한 수양대군의 '거사' 움직임이 본격화한 것은 1453년 4월부터다. 이는 수양대군이 단종의 즉위를 알리는 '고명사은사誥命謝恩使'로 명나라를 갔다 온 직후다.

수양대군이 고명사은사로 가기 전 권람 등은 이를 완강하게 반대했다. 먼 길을 가서 자리를 비운 사이 김종서 등이 수양대군파에 대한 제거를 획책할 수도 있다는 것이었다. 수양대군 측근들이 느꼈던 위협은 막연한 것이 아닌 실제적인 것이었다. 이 말을 들은 수양대군은 껄껄 웃었고, "김종서 등은 그럴만한 호걸이 아니다"라고 말하며 안심시켰다. 그런 다음 곧장 명나라로 가는 길에 올랐다. 실제로 수양대군이 부재할 때 고명대신파는 별다른 움직임을 보이지 않았다.

이때 수양대군이 주변의 우려를 물리치고 자발적으로 고명사은사로 간 것은 고도의 계산이 깔려있는 정치적 술수로 읽힌다. 이를 통해 본인이 왕의 충실한 신하요, 결코 왕권에 욕심이 없다는 것을 간접적으로 드러내 보임으로써, 정적들의 경계를 완화시키려 한 것으로 분석된다. 이는 결과적으로 성공했다. 더욱이 명나라에 가서 본인이 조선의 유력한 왕자임을 알리며 현지 인맥을 구축했고, 함께 동행했던 전도유망한 집현전 학사 출신인 신숙주를 얻었다. 아마도 명나라에서 거사 결심을 굳히고 구체적인 거사 계획을 세웠을 것으로 보이는 수양대군은 귀국하자마자 한편으로는 고명대신파의 월권행위에 불만을 품고 있던 집현전 출신 문인들을 끌어들였다. 또 다른 한편으로는 홍달손, 양정 등 무사들을 적극 양성해 나갔다. 이에 따라

거사 직전 수양대군 휘하에는 무시 못할 정도의 세력이 형성돼
있었다.

계유정난

1453년 10월 10일 밤, 수양대군 등은 마침내 거사를 결행
하기로 했다. 이 날 거사를 치르기로 한 가장 큰 이유는 단종
이 궁궐을 나와 누나인 경혜공주의 사저에 머무를 예정이었던
만큼, 평소 대비 궁궐의 경비 상태가 느슨할 것이라고 생각했
기 때문이다. 우선 수양대군은 일단의 군사들에게 은밀히 경복
궁을 장악하라고 지시했다. 본인은 삼정승 가운데 가장 지혜와
용맹이 뛰어난 김종서를 직접 찾아가 제거하기로 마음먹었다.
하지만 우여곡절이 있었다. 사전에 김종서의 집을 염탐하러 갔
던 홍달손이 "집 근처에 무사들이 모여 있는 것 같다"라고 보고
함에 따라 일각에서 거사를 미루자는 의견이 나왔다. 또한 수
양대군이 무인들 앞에서 거사의 당위성을 설명할 때 적지 않은
이들이 역모라고 판단, 이탈자들이 나오기도 했다. 그럼에도
수양대군과 한명회는 그대로 밀어붙이기로 결정하면서 예정대
로 거사가 진행됐다. 일단의 군사들은 경복궁으로 향했고, 수
양대군은 양정, 임어을운 등을 대동한 채 돈의문 밖 김종서의
집으로 향했다.

수양대군이 방문하자 김종서와 그의 아들 김승규가 직접 맞이했다. 김종서와 정면으로 마주한 수양대군은 집 안으로 들어가자는 권유에 대뜸 "사모紗帽의 각이 떨어졌으니 좌상의 것을 빌릴 수 있겠느냐"라고 물었다. 이는 김종서 부자의 경계를 느슨하게 하려는 의도였다. 뒤이어 수양대군은 간청이 있다면서 김종서에게 편지 한 통을 건넸다. 한밤중이어서 편지가 잘 보이지 않았기 때문에 김종서는 달빛에 편지를 비춰봤다. 김종서의 모든 신경이 편지에 집중돼 있던 그 순간, 임어을운이 재빠르게 철퇴를 빼들고 달려들어 김종서의 머리를 내리쳤다. 동시에 양정의 칼날이 김승규를 베었다. 미처 반격할 틈을 갖지 못한 채 세종 시절 천하를 호령했던 '백두산 호랑이' 김종서가 쓰러졌다.

9부 능선이었던 김종서를 쓰러뜨리는 데 성공하자, 수양대군과 정예 무인들은 이제 거침이 없었다. 이들은 곧바로 경혜공주 저택을 비롯한 도성 4대 문과 주요 군 시설, 요충지들을 확보한 뒤 일단의 군사들이 장악하고 있던 경복궁으로 쳐들어갔다. 수양대군은 궁궐에서 동부승지 최항을 만났고, 그에게 역모가 발생했으니 단종을 빨리 만나야 한다고 말했다. 또한 모든 조정 신료들의 명단이 나와있는 자료도 요구했다. 최항은 수양대군을 믿지 못해 명부 제공을 꺼렸지만, 계속된 압박에 결국 명부를 넘겨주고 말았다. 이 명부는 신료들의 운명을 결정짓는 '살생부'殺生簿가 됐다. 이후 수양대군은 공포감에 사로잡힌 단종 앞에 섰다. 그는 김종서, 황보인 등이 난을 일으켜 안평대군을 추대하려 했기 때문에 김종서를 척살했다는 거짓보고를 올렸다. 나아가 왕명을 빙자해 조정 신료들을 모두 입궐시키도록 했다. 칠흑같이 어두운 밤, 신료들은 영문도 모른 채 대궐 안으로 차례차례 들어갔다. 이들을 맞이한 건 단종이 아닌 한명회와 일단의 군사들이었다. 한명회는 '살생부'를 들고 있었고, 이에 기반해 입궐하는 신료들을 일일이 확인했다. 그런 다음 사전에 배치한 군사들에게 '살조'殺條로 분류된 신료들을 모조리 죽이라고 명했다. 이때 대표적인 수양대군 반대파들인 영의정 황보인과 병조판서 조극관, 이조판서 민신, 우찬성 이양 등이 한꺼번에 목숨을 잃었다.

한편 불의의 기습을 당한 김종서는 그 자리에서 즉사하지는 않았던 것으로 전해진다. 철퇴를 맞고 쓰러진 김종서는 얼마 지나지 않아 깨어났다. 뒤이어 수양대군의 역모 사실을 인지한 후 불편한 몸을 이끌고 가마에 올랐다. 단종을 지키기 위해 궁궐로 들어가려고 했던 것이다. 그러나 이미 수양대군 세력에게 포섭된 숭례문, 돈의문, 서소문 등의 수문장들은 모두 문을 열어주지 않았다. 진입로가 완전히 막힌 김종서는 사돈집에 숨어 있다가 이튿날 수양대군이 급파한 군사들에게 비참한 최후를 맞이했다.

세조의 즉위

하룻밤 만에 세상이 바뀌었다. 조정의 실권을 틀어쥐고 있던 고명대신파 등은 온데간데없고, 수양대군 및 그 일파들이 권력의 정점에 올라섰다. 수양대군은 스스로 영의정부사 · 영집현전사 · 영경연사 · 영춘추관사 · 영서운관사 · 겸판이병조 · 내외병마도통사 등 다양한 요직을 겸하면서 정권과 군권을 동시에 장악했다. 그리고 거사에 직간접적으로 공을 세운 한명회, 권람, 정인지, 양정 등 43인을 '정난공신'靖難功臣으로 책봉했다. 앞으로 이들은 오랜 기간 수양대군 주변에서 각종 특권을 누리며 무소불위의 권력을 휘두르게 된다. 이때를 계기로 공신세력의 득세가 조선 사회에서 일반화됐다고 볼 수 있다. 수양대군은 집현전에게는 자신을 찬양하는 교서까지 짓게 했다.

비극적인 피바람은 계속 휘몰아쳤다. 우선 안평대군은 김종서, 황보인 등과 한패가 돼 왕위를 찬탈하려 했다는 죄목으로 강화도, 교동도에 유배된 후 사사를 당했다. 조극관의 동생인 조수량, 충청감사 안완경, 정분 등 수양대군 반대파들도 귀양을 간 후 교살당했다. 수양대군은 함길도 도절제사였던 이징옥도 처단했다. 무력이 뛰어났던 이징옥은 김종서의 심복이자 안평대군과도 친한 사이였다. 수양대군은 다른 누구보다 이징옥을 두려워했다. 그는 이징옥을 파면하고 박호문을 후임으로 임명해 함길도로 보냈다. 박호문이 이징옥에게 함길도 도절제사를 그만두고 중앙으로 오라는 어명을 전하자 그는 매우 의아해했다. 과거 김종서가 도성에 변고가 있기 전에는 결코 부르지 않을 것이라고 말했기 때문이다. 이징옥은 구체적인 연유를 캐물었다. 그러자 박호문이 계유정난을 발설하고 말았다. 이징옥은 당황했지만, 일단 박호문에게 자리를 인계하고 호위병력을 거느린 채 상경길에 올랐다. 그런데 남쪽으로 60리 정도 가던 중에 이징옥은 불길함을 인지하고 함길도로 회군했다. 그는 박호문을 화살로 쏴 죽인 후 북쪽으로 나아가 종성에서 스스로 '대금황제'라 칭했다. '이징옥의 난'이었다. 이징옥은 오국성을 도읍으로 정했고, 여진족 및 변방 각 고을의 후원을 얻어 세력을 키우려 했다. 당시 여진족 사이에서는 이징옥에 대한 명성이 자자했다.

이징옥의 난은 조선왕조에 대한 최초의 대규모 반란, 지역 주민에 대한 중앙정부의 차별 유발, 황제라 칭하고 여진족과의 연합을 도모하려 했다는 점에서 크게 주목을 받을 만한 사건이었다. 하지만 반란은 실패로 돌아갔다. 동지였던 종성부사 정종, 호군 이행검 등이 배신을 해 이징옥과 그 아들을 살해한 것이다. 훗날 채제공은 '번암집'에서 이징옥이 황제를 꿈꿔서가 아닌 단종 복위를 위해 반란을 일으켰다는 주장을 펼쳤다. 이에 따라 이징옥을 반역자가 아닌 충신으로 규정했다.

어느 정도 사전 정지작업을 완료한 수양대군과 그 일파들은 단종 3년인 1455년부터 본격적으로 대권가도를 밟아나간다. 단종이 장성해가고 있었기 때문에 더 지체했다간 곤란해질 수도 있다고 생각했다. 이에 따라 수양대군 등은 단종을 노골적으로 압박하기 시작했다. 압박의 수단은 단종과 가까운 사람들을 괴롭히는 것이었다. 대표적으로 단종을 매우 아꼈던 수양대군의 동생 금성대군, 단종의 모후인 현덕왕후의 친오빠 권자신, 어릴 때부터 단종을 모셨던 궁녀들을 석연치 않은 이유를 들어 유배 보내거나 죽였다. 단종이 왕위에 머물러 있는 이상 이 같은 조치들은 계속될 것이었다. 단종은 이들의 고통이 자신으로부터 비롯됐다고 생각하며 괴로워했다. 조정의 그 누구도 수양대군 등의 행동에 반기를 못 들고 그저 눈치만 살피고 있었다. 이땐 사육신도 대놓고 나서지 않았다. 고독한 단종은 왕비 송 씨와 함께 앞날에 대해 논의했다. 수양대군의 압박을 뚫고 왕위를 지킬 방법은 도무지 보이지 않았다. 결국 단종은 내시 전균을 불러 수양대군에게 '선위'를 하겠다고 선언했다.

이때 동부승지 성삼문이 임금의 도장인 대보^{大寶}를 들고 선위 자리에 갔다. 그는 결코 내키지 않았지만, 어쩔 수 없이 행동을 할 수밖에 없었다. 수양대군은 단종이 경회루에서 대보를 전달하면서 선위 하겠다고 했을 때, 엎드려 울면서 사양하는 모습을 보였다. 진심은 아니었고 그저 보여주기였다. 단종이 직접 손으로 대보를 잡아 수양대군에게 전하니 그제야 수양대군은 이를 받았다. 단종은 선위 하는 과정에서 "어찌 과인만이 세종대왕의 자손이 되겠는가. 숙부^{수양대군}도 세종대왕의 자손이므로 왕위를 이을 권한이 있다"라고 말하기도 했다. 이 장면을 본 성삼문은 더 이상 참지 못하고 울음을 터뜨렸고, 수양대군은 고개를 들어 성삼문을 노려봤다고 전해진다. 이후 경복궁 근정전에서 세조의 즉위식이 열렸다. 단종은 24세나 많은 숙부의 상왕이 돼 수강궁^{창경궁의 전신}에 머물게 됐다.

사육신 사건

세조는 즉위한 이후 지속적으로 왕권 강화를 추구했다. 그는 의정부서사제를 폐지했고 6조 직계제를 실시했다. 이는 대신들을 배제한 채 국왕 중심 체제로 국정을 운영하겠다는 것이다. 이를 실시하면서 세조는 "의정부서사제는 임금이 죽은 제도이다. 너희들은 내가 죽었다고 생각하느냐. 아니면 어려서 정치를 재결^{裁決} 하지 못한다고 생각하느냐"라고 말했다. 아울러 종친, 공신 등을 대거 발탁해 의정부, 6조, 승정원, 고위 군직에 포진시켰다. 종친의 정치 참여는 원래 금지됐었다. 이를 통해 친위그룹을 만듦으로써 왕권 강화를 도모했다. 세조는 신하들과 함께 논쟁하는 경연 및 대간의 활동도 탐탁지 않게 여겼다. 이에 따라 대간에 대한 탄압도 나타나기 시작했다.

이 같은 모습에 집현전 유학자들의 반감은 높아졌다. 이들은 세종, 문종대에 대간을 통해 조정에 진출했고, 신권이 중심이 된 유교정치를 추구했기 때문이다. 또한 세조가 어린 조카인 단종의 왕위를 찬탈했다는 것에 대한 반감도 상당했다. 성리학적 명분론에 집중했던 집현전 유학자들은 신하인 세조가 함부로 충의를 저버린 역적이라고 생각했다. 대표적인 인물들은 성삼문, 박팽년, 이개, 하위지, 유성원 등이었다. 무신인 유응부까지 포함해 '사육신'이라고 부른다. 이 사육신이 반드시 단종 복위 운동의 주동자라고 확정할 만한 자료는 없다. 다만 국문 과정을 통해 주동자로 추정이 되는 것이다. 이들은 자연스레 세조를 폐위하고 단종을 복위시키기 위한 거사를 모의하게 된다.

무신인 성승성삼문 아버지, 유응부 등 자신들의 뜻에 동조하는 사람들을 규합하며 상황을 예의주시하던 중 1456년 6월 마침내 기회가 찾아왔다. 이 날은 본국으로 떠나는 명나라 사신을 환송하기 위해 창덕궁에서 연회가 열리는 날이었다. 세조도 연회에 참석할 예정이었다. 그런데 왕의 양옆에서 칼을 들고 서 있는 별운검別雲劍으로 성승과 유응부가 선택됐다. 밀착해있는 만큼 마음만 먹으면 세조를 죽이는 것은 일도 아니었다. 성삼문 등은 거사일이 오기만을 손꼽아 기다렸다. 하지만 거사 당일 문제가 발생했다. 연회 장소가 비좁고 더워서 굳이 별운검이 들어갈 필요가 없다는 의견이 제기된 것이다. 생육신 중 한 명이었던 남효온이 '추강집'에 수록한 '육신전'에선 한명회가 이 같은 의견을 제기한 것으로 나온다. 그러나 세조가 직접 의견을 제시해 별운검을 취소시켰다는 기록도 있다.

다급해진 성삼문이 나서 세조에게 "별운검을 취소할 수 없다"라고 외쳤다. 하지만 허사였다. 결정적으로 신숙주가 별운검 취소가 합당하다는 주장을 펼쳐 최종적으로 별운검은 연회장에 들어오지 못하게 됐다. 이때 단종의 이모부인 윤영손이 화를 못 참고 신숙주를 죽이려 했지만 성삼문이 말렸다. 당초 계획이 흐트러짐에 따라 성삼문은 일단 동지들에게 거사를 미루자고 제안했다. 대부분이 동의했지만, 무신인 유응부만큼은 반대했다. 그는 추후에 어찌 될지 모르니 이번에 세조 암살을 강행하자고 주장했다. 성삼문 등은 유응부를 적극 말려 단념시켰다. 이후 거사의 기회는 좀처럼 찾아오지 않았다. 기약 없이 시간만 흘러가면서 사육신 비극의 씨가 싹트기 시작했다.

당초 충실한 동지이며 집현전 출신이었던 김질이 화근이었다. 그는 연회장 거사 계획이 실패로 돌아가자 위기감이 극에 달했다. 이러다가 거사 계획이 발각돼 본인은 물론 가문 전체가 멸족을 당할 수도 있다고 생각했다. 결국 김질은 동지들을 배신하기로 했다. 그는 장인이자 주요 대신인 정창손을 찾아가 성삼문 등의 단종 복위 운동 계획을 알렸다. 이를 들은 정창손은 두려움에 사로잡혀 즉각 김질과 함께 세조를 찾아갔다. 밀고를 접수한 세조는 대로했다. 그는 거사 관련자들을 모두 잡아들여 국문할 것을 명했다. 김질의 입에서 언급된 성삼문, 이개, 하위지, 유응부 등이 우선적으로 체포돼 국문을 당했다. 성삼문이 국문을 받다가 관련자로 박팽년, 유성원 등을 언급했고, 이후 박팽년이 국문을 받다가 관련자로 김문기, 성승, 윤영손, 송석동 등을 언급하면서 국문의 규모는 매우 커졌다. 이 밖에 박중림, 권자신, 최득지, 박기년 등이 추가되면서 단종 복위 운동 혐의로 국문을 받은 사람은 무려 70여 명에 달했다.

육신전을 보면 사육신을 중심으로 당시 국문장의 상황이 자세히 묘사돼 있다. 세조실록은 그렇지 않다. 우선 성삼문은 팔이 잘리는 잔인한 고문에도 불구하고 세조를 '나리'라고 부르며 왕으로 인정하지 않았다. 세조가 "나리라고 부르는데, 그러면 과인이 준 녹봉은 왜 받았느냐"라고 묻자 성삼문은 "나리가 준 녹봉은 하나도 안 썼으니 우리 집에 가서 확인해 보라"라고 답했다. 실제로 성삼문의 집을 조사해보니 녹봉이 그대로 쌓여있었다. 박팽년도 성삼문 못지않게 세조를 모욕했다. 세조는 박팽년에게 "과거에 그대가 충청도 관찰사로 나가있을 때 과인에게 올리는 공문에 '신'臣이라고 써놨었고, 녹봉 또한 잘 받지 않았느냐"라고 따졌다. 이에 박팽년은 "'신'이라고 쓴 적이 없으니 다시 잘 살펴보고, 녹봉도 그대로 쌓아놨다"라고 답했다. 세조가 박팽년의 공문을 다시 살펴보니 모두 '신'臣 자가 아닌 '거'巨 자로 기록돼 있었다. 비슷한 글자를 사용해 교묘히 세조를 왕으로 인정하지 않았던 것이다. 아울러 박팽년의 집에도 녹봉이 그대로 있었다. 대로한 세조는 불에 달군 인두로 박팽년의 몸을 가혹하게 지졌다.

이개는 국문장에서 형벌의 부당성을 강조했다. 그는 세조에게 "나리, 도대체 법전 어디에 인두로 사람을 지지는 형벌이 있는가"라고 물었다. 실제로 그 당시 조선 법에는 이와 같은 형벌이 존재하지 않았다. 왕이면서 기본적인 법도 모른다고 에둘러 비판한 것이다. 훗날 조선의 기본법전인 '경국대전'經國大典을 만드는 세조는 이 순간 아무 말도 하지 못하고 당황했다고 한다. 하위지는 사실상 묵비권을 행사했다. 세조가 반역 혐의들에 대해 취조할 때 그는 "내가 반역죄라면 그 죄가 반드시 죽음일 것인데, 나리가 물어볼 것이 더 뭐가 있겠는가"라고만 답했다. 유응부는 국문장에서 세조는 물론 사육신도 비난했다. 우선 그는 세조를 나리보다도 못한 '족하'足下라고 불렀다. 이는 '서 있는 곳의 바로 아래' 또는 같은 또래 사이에서 부르는 것이었다. 이어 성삼문, 김문기 등을 향해 "너희는 글을 읽었지만 꾀가 없으니 짐승과 다를 바 없다. 더벅머리 겁쟁이 선비 놈들과 거사를 치른 것이 내 일생일대의 실수다"라고 일갈했다. 자신의 말대로 거사를 강행했어야 했는데, 성삼문 등이 뜯어말려 결국 비참한 결과를 맞이하게 됐다는 한탄이었다. 성삼문 등은 그저 입을 다물고 고개를 떨굴 뿐이었다.

사육신을 포함한 70여 명의 단종 복위 운동 관련자들은 모두 비참한 최후를 맞이했다. 세조는 매우 잔인했다. 성삼문, 이개, 하위지, 유응부, 김문기, 박중림, 성승 등 거의 대부분의 사람들이 군기감 앞에서 세조 신하들이 지켜보는 가운데 사지가 찢기는 '거열형'을 당했다. 세조는 굳이 신하들에게도 형벌을 보게 함으로써, 공포감을 극대화시키고 반란을 차단하고자 했다. 박팽년의 경우 국문을 당하던 중에 사망했는데, 이후 시신이 된 상태에서 거열형을 당했다. 유성원은 체포되기 직전 자신의 집에서 목에 칼을 찔러 자결했다. 그의 시신도 박팽년과 똑같은 운명을 맞았다. 형이 끝난 후 이들의 목은 저잣거리에서 3일 간 효수됐다. 이렇다 할 무덤도 없이 방치됐던 시신들은 생육신이었던 김시습에 의해 어느 정도 수습이 됐다. 그는 지금의 노량진에 사육신의 무덤을 만들었다. 비단 당사자들만 화를 입은 것이 아니었다. 친아들들은 모조리 목이 졸려 죽는 교형을 당했고, 모친과 딸 등은 노비로 전락했다. 성삼문 등은 아예 직계가 단절되기도 했다.

이처럼 단종의 충신들은 당대에 철저하게 패배했다. 그러나 시간이 갈수록 복권되는 모습을 보인다. 우선 성종 대에 그들의 후손들이 관직에 오를 수 있게 됐고, 숙종 대에는 사육신 6명의 관작이 회복된 후 민절서원이 세워져 위패가 안치됐다. 영조 대에는 김문기, 박중림 등의 관작도 회복됐다. 특히 정조가 즉위한 후 단종의 능인 장릉에 배식단을 세울 때, 세종의 아들로 단종 복위 운동에 참여했던 화이군 이영을 포함, 계유정난과 복위 운동 과정에서 희생된 모든 이들의 위패를 함께 안치해 제사를 지내게 했다. 또한 사육신이 묻힌 노량진에 '신도비' 神道碑를 세워 충절을 기렸다. 결국 이들은 역사 속에서 '충절의 화신'이라는 승자로 남게 됐다.

단종의 죽음

사육신 등의 거사 실패는 역설적으로 단종의 비극을 재촉했다. 사육신 등이 처형된 후 얼마 지나지 않아 '단종 책임론'이 수면 위로 부상했다. 세조의 신하들은 상왕인 단종이 복위 운동에 반드시 연루돼 있을 것이라는 주장을 펼쳤다. 이에 따라 단종에게 책임을 물어 강봉시키고 궁궐에서 내쫓아야 한다고 주청 했다. 세조도 같은 생각이었다. 실제로 단종이 복위 운동에 연루됐다는 증거는 없었다. 그럼에도 세조와 그 신하들은 모든 화의 근원이 될 수 있는 단종을 가만히 놔둘 수 없었다. 결국 1457년 6월, 단종은 노산군으로 강봉 된 후 강원도 영월로 유배를 떠나게 됐다. 단종이 거처했던 영월 청령포는 삼면이 강으로 둘러싸여 있었고, 육로는 험준한 절벽으로 막혀 있었다. 이곳에서 단종은 죽을 때까지 한 많은 삶을 살게 된다.

그런데 세조의 마음은 무언가에 계속 쫓기고 있었다. 단종을 외지로 유배 보냈음에도 불구하고, 집권의 정통성이 워낙 부족하다 보니 또 다른 반란 가능성을 우려했다. 그럴수록 세조는 악순환의 늪으로 빠져들었다. 유화적인 노선이 아닌 더욱 강경한 노선을 채택했다. 그는 복위 운동에 가담했던 단종의 친할머니를 끝내 반역죄로 죽였고, 친할아버지는 폐서인했다. 단종의 외가를 풍비박산 내는 패륜을 자행한 것이다. 나아가 세조는 단종의 어머니인 현덕왕후도 폐서인했고, 그녀의 능을 개장해 서인의 무덤으로 바꿔버렸다. 세조는 잇따른 가혹한 조치들만이 자신과 정권이 살 길이라고 생각했다.

하지만 세조에 대한 저항은 끝나지 않았다. 과거 경상도 순흥에 유배됐었던 금성대군이 순흥부사 이보흠과 함께 단종 복위를 모의했다. 그러나 모의는 허무하게 좌절됐다. 이보흠에게는 이동이라는 남종이 있었는데, 이 남종이 금성대군의 여종인 금연과 사랑에 빠졌다. 이동은 금연과 자주 만나면서 우연히 금성대군과 이보흠이 심상치 않은 일을 꾸미고 있다는 것을 알아챘다. 야망이 컸던 이동은 이를 출세의 기회라고 생각했다. 그는 금성대군이 써놓은 격문을 훔쳐 달아났고, 안동부사에게 일러바쳤다. 이동의 행위를 인지한 이보흠도 후환이 두려워 자발적으로 금성대군의 계획을 고했다. 결국 금성대군은 신속하게 체포됐고, 모진 고문을 받은 후 형장의 이슬로 사라졌다. 단종의 장인인 송현수도 연루 혐의를 받고 교형에 처해졌으며, 순흥은 반역의 고을로 낙인찍혔다. 사실상의 2차 단종 복위 운동도 실패로 돌아간 직후 세조의 신하들은 문제의 근원을 확실히 없애야 한다고 주장했다. 그것은 바로 단종을 죽여야 한다는 것이었다. 단종이 살아있는 한 정통성 시비는 끊임없이 불거질 가능성이 높았기 때문이다. 특히 정인지가 적극 나서서

"이제 금성대군도 노산군을 끼고 난역을 일으키려 했으니, 마땅히 노산군 역시 편히 살게 할 수 없다"라고 주청 했다. 세조는 고심 끝에 단종을 죽이라고 명했다.

　단종의 최후를 기록한 '세조실록'에는 단종이 송현수가 교형에 처해졌다는 소식을 듣고 상심한 나머지 스스로 자결했다고 나와있다. 이어 세조는 단종의 죽음을 애석하게 여기며 그 시신을 후하게 장사 지냈다고 전해진다. 하지만 '선조실록'에는 단종이 사사된 것으로 나와있고, 정황 상 그 시신도 거의 방치되다시피 한 것으로 보인다. 또한 '야사'에 따르면 금부도사 왕방연이 세조의 명으로 사약을 들고 단종을 찾아왔는데, 왕방연은 차마 단종에게 사약을 건네지 못했고 그저 말없이 엎드려 대성통곡을 했다. 이를 본 단종은 자신의 최후를 직감하고 자결을 결심했다고 한다. 단종은 자신의 목에 줄을 맸고, 그 줄의 반대편 끝 부분을 방 밖으로 빼내 하인에게 힘껏 당기게 함으로써 생을 마감했다. 아무도 찾아오지 않는 강원도 영월에서 한 많은 삶을 살던 어린 왕은 비정한 권력의 피비린내 앞에서 그렇게 비참한 최후를 맞았다. 야사에서는 청령포에 떠있는 단종의 시신을 호장 엄흥도가 몰래 수습해 현재의 장릉 자리에 안장했다고 한다. 단종이 명예를 회복하기까진 무려 200년 넘게 걸렸다. 1681년 7월 숙종은 단종을 노산대군으로 추봉 한 뒤 1698

년 11월에 정식으로 복위시켰다. 시호는 공의온문순정안장경
순돈효대왕恭懿溫文純定安莊景順敦孝大王이고, 단종이라는 묘호는
이때 추증된 것이다.

한편 조카의 왕위를 빼앗은 것도 모자라 살해하기까지 한
세조도 삶이 온전치 못했다. 무엇보다 어찌 된 연유인지 그의
두 아들이 요절을 했다. 맏아들인 의경세자는 19세에, 둘째 아
들인 예종도 20세의 어린 나이에 숨을 거뒀다. 이들이 석연
치 않은 이유로 요절한 것을 두고, 당시 세간에서는 세조가 단
종과 충신들을 숙청한 것에 대한 '업보'業報라는 소문이 나돌았
다. 이와 관련한 유명한 야사도 있다. '연려실기술'에 따르면 단
종 사후에 세조가 꿈을 꿨는데 죽은 현덕왕후가 나타나 세조에
게 분노하며 "네가 내 아들을 죽였으니, 나도 네 아들들을 죽이
겠다"라고 저주를 퍼부었다. 깜짝 놀란 세조는 꿈에서 깼다. 이
윽고 환관이 급히 달려와 맏아들인 의경세자가 사망했다고 보
고했다. 세조는 이것이 현덕왕후의 저주 때문이라며 분노했다.
그는 안산에 있는 현덕왕후의 능을 파헤친 후 관에서 시신을 꺼
내 망치로 부수고 소각했다. 종묘에서 현덕왕후의 신위도 내쳤
다고 한다. 내용의 진위 여부를 확인할 순 없지만, 그만큼 세조
의 행위가 정당성이 떨어지고 백성들의 지지를 얻지 못했다는
것을 방증한다. 아울러 세조 집권의 정통성 논란은 쉽사리 꺼

지지 않고 집권기간 내내 이어져 그를 괴롭혔다. 나아가 역사 속에서 세조는 적지 않은 업적에도 불구하고 극히 부정적인 유형의 인물로 낙인찍히게 된다. 사육신 등과 달리 역사의 패자로 남게 된 것이다.

희대의 폭군, 무차별 학살극

모든 신하들이 표적이 된 핏빛 학살 전말

교동도 연산군 유배지.

두산백과.

"원래 시기심이 많고 모진 성품을 가지고 있었으며, 또한 자질이 총명하지 못한 위인이어서 문리^{文理}에 어둡고 사무 능력도 없는 사람이었다. 만년에는 더욱 함부로 음탕한 짓을 하고 패악^{悖惡}한 나머지 학살을 마음대로 하고, 대신들도 많이 죽여서 대간과 시종 가운데 남아난 사람이 없었다." _『연산군일기』^中

연산군은 우리나라 역사에서 '폭군'^{暴君}의 대명사로 불린다. 왕권을 자의적이고 폭력적으로 휘두르며 무수한 신하들을 죽였고, 끊임없이 향락을 추구하며 백성들의 희생을 강요했다. 특히 연산군의 자의적, 폭력적 왕권 행사의 정점은 '사화'^{士禍}이다. 표면적인 정의는 훈구파에 대응해 성종대에 신흥세력으로 부상한 '사림'^{士林}이 '화'를 입은 사건을 말한다. 기실 처음에는 시도 때도 없이 듣기 불편한 소리를 하는 사람을 겨냥해, 연산군과 기득권인 훈구파가 손을 잡고 공격을 가하는 형국이었다. '무오사화'^{戊午士禍}였다. 이는 정치적인 이해관계가 결부된 제한적이고 '있을 수 있는' 숙청으로 평가된다. 하지만 추후에 사림은 물론 훈구파마저도 연산군에게 무차별적으로 큰 화를 입게 되는 형국이 조성된다. 이것이 바로 문제의 '갑자사화'^{甲子士禍}이다.

우리나라의 숙청사를 보면, 어느 정도 이성적인 명분이 확보된 상태에서 숙청이 이뤄지는 경우가 대부분이었다. 그러나 연산군이 주도한 갑자사화는 이성적인 명분은커녕 처음부터 끝까지 왕 개인의 비정상적인 감정폐비윤씨 사건, 향락 추구에 기반했고, 이제껏 볼 수 없었던 끔찍한 방식이 동원돼 대규모 학살을 야기했다. 연산군과 극히 소수의 측근들 외에는 그 누구도 안전할 수 없는 분위기가 조성됐다. 이러한 측면에서 갑자사화는 대단히 처참하고 기이한 사건이었으며, 연산군을 희대의 폭군으로 만드는 결정타였다. 이후에도 전제왕권에 대한 미몽과 개인적인 향락 등에서 헤어 나오지 못하는 폭군에 의해 성종대에 표출됐던 유교적 왕도정치는 온 데 간 데 없이 사라졌다. 나아가 조선이란 나라의 국운 자체가 심각한 도전을 받는 지경에 이르렀다.

이런 상황에서 발생한 '반정'反正은 어찌 보면 필연적이고 다행스러운 사건이었다. 연산군으로 대변되는 극히 잘못된 상태를 올바른 상태로 되돌리기 위한 수단은 '무력에 의한 폐위' 밖에 없었다. 다만 군왕이 초월적인 존재로 군림하는 유교국가 조선에서, 신하들에 의해 왕이 쫓겨나가고 그들에 의해 새로운 왕이 즉위한다는 것은 매우 생소한 장면이기도 했다. '희대의 폭군'의 무차별적인 학살극, '사화' 전말을 되돌아봤다.

훈구파의 권세

세조가 '계유정난'을 통해 집권한 이후부터 조선 중기까지 조정의 주류 세력을 형성한 것은 '훈구파'였다. 관학파라고도 불린다. 이들은 세조가 단종으로부터 왕위를 **빼앗는** '찬위'篡位 과정에서 공신으로 거듭났고, 오랜 기간 의정부 정승 및 판서 등 정치적 실권을 장악하며 기득권 집단화됐다. 훈구파는 비단 정치권력만 독점했던 것이 아니다. 공신전, 과전, 농장 등을 통해 대규모의 사회경제적 기반도 독점했다. 훈구파의 대표 격인 한명회는 총 820결, 신숙주는 690결, 정인지는 570결의 토지를 지급받은 것으로 전해진다. 이 밖에 서해안 간척 사업, 대외 무역, 공물의 방납 등을 통해서도 막대한 부를 축적했다.

조카의 옥좌를 **빼앗은** 세조는 왕으로서의 정통성이 취약했다. 그래서 훈구파에게 지나치게 의존하다 보니 과도한 권력편중 현상이 발생했던 것이다. 심지어 일부 훈구파 사람들이 엄중한 잘못을 저질러도 처벌은커녕 눈감아주기 일쑤였다. 이는 할아버지인 태종 이방원이 공신세력을 철저하게 숙청했던 것과 크게 대비되는 모습이다. 세조 이후에도 훈구파의 권세는 커져만 갔다. 성종은 초기에 국정의 대소사를 한명회, 정인지, 신숙주 등 훈구대신들의 자문을 받아 처리하기도 했다. 나아가 이때 좌리공신佐理功臣 책봉 과정에서 훈구파가 확대 재생산됐고,

일부 훈구파는 왕실과의 혼인을 통해 '외척'으로서의 지위도 확보했다.

사림의 등장

하지만 작용이 있으면 반작용도 있기 마련이다. 훈구파의 지나친 권세는 반대 세력의 출현을 이끌었다. 바로 '사림'이다. 이들은 조선의 건국에 협력하지 않았고, 향촌에서 성리학을 연구하며 중소지주층을 형성하고 있었다. 사림은 고려 후기 조선 건국에 협력하지 않았던 정몽주, 길재 등을 시조로 여겼다. 나름대로 성리학적 향촌 질서를 정착시키며 살아가고 있던 사림에게 훈구파의 권세가 미쳤다. 중앙정계에서 은퇴한 훈구파 사람들이 낙향한 후 유향소, 경재소 등을 통해 사익을 추구하며 사림을 억눌렀던 것이다. 이에 대한 반발로써 사림은 정계진출을 적극적으로 모색하기 시작했다. 마침 훈구파의 지나친 권세에 염증을 느끼고 있던 성종이 사림을 신진세력으로서 주목하고 지원하기도 했다.

성종은 세종대왕처럼 학문을 좋아했고, 신하들과의 경연도 매우 자주 했다. 그가 한 경연의 횟수는 무려 9000회 이상이었다고 한다. 군왕이 독단적으로 하는 것보단 신하들과의 토론을 선호했으며 유교적 이상정치를 실현하려는 마음이 컸다. 패도霸道적 성향을 보였던 세조와 근본적으로 다른 정치 노선을 표방했던 만큼, 훈구파를 배제하고 사림을 정치 동반자로 키우는 것은 당연한 수순이었다. 특히 성종대에 영남사림의 영수인 김종직을 필두로 그의 제자인 김굉필, 정여창, 김일손 등이 두드러졌다. 중앙정계에 발을 들여놓은 사림은 주로 '삼사'三司의 요직에서 일했다. 이는 사헌부, 사간원, 홍문관으로써 오늘날의 탄핵, 언론기관과 유사하다. 기실 막강한 영향력을 갖고 있는 기관이었는데, 여기에서 탄핵하는 사람은 권력의 실세라도 안심할 수 없었다. 이를 기반으로 사림은 "도덕으로 국가를 다스린다"는 '왕도정치'를 추구했고, 국가 개혁에 대한 원대한 포부를 표출했다. 삼사에선 군왕에게 성리학에 기반해 적극적인 개혁 정치를 펴라는 요구가 연일 제기됐다. 반면 훈구파는 사장詞章에 치중해 성리학 본연의 철학적인 면은 소홀했다.

아울러 특권과 현상유지에만 급급한 세력이라며 훈구파를 비판하는 목소리도 가감없이 나왔다. 사림의 개혁 칼날은 사실상 훈구파를 겨냥한 것이었다. 근본적인 정치 이념의 차이도 있었지만, 훈구파의 정치, 사회적 특권 독점 및 부조리가 심각해 이를 반드시 시정해야 한다는 의지가 반영됐다. 이에 대해 훈구파는 사림이 자신들만 고결한 체하고 언행이 경솔하다며 맞대응했다. 두 세력 간 대립이 심화되는 가운데 성종의 후원으로 사림의 목소리가 더 커져갔다. 훈구파는 과거의 위세를 잃고 점차 쪼그라들었다.

연산군의 등장과 불길한 그림자

1494년, 잘 나가던 사림에게 안타까운 일이 발생한다. 든든한 후원자였던 성종이 비교적 이른 나이에 세상을 떠난 것이다. 성군으로 평가를 받았던 성종이 죽은 후 그의 아들인 연산군이 왕위에 올랐다. 그런데 연산군의 즉위는 불길한 그림자를 내포하고 있었다. 그의 어머니 '윤 씨'와 관련된 비극적인 사건이 있었기 때문이다. 폐비윤씨는 성종의 첫 후궁 출신이었는데, 본래 후궁은 왕비가 되기 어려운 위치였다. 그러나 폐비윤씨는 검소함과 겸손한 처신 등을 크게 인정받아 왕비가 될 수 있었다. 이 당시까지만 해도 성종과 폐비윤씨의 사이는 매우 돈독했다. 하지만 왕비가 된 지 얼마 지나지 않아 폐비윤씨는 이전과는 다른 성품을 나타내기 시작했다. 무엇보다 성종이 다른 후궁들과 함께 하는 것을 질투했고, 이러한 감정을 왕과 신하들 앞에서 여과 없이 표출했다. 당시 성종은 '주요순晝堯舜, 야걸주夜桀紂'로 불렸다. 이 말은 낮에는 요순이요, 밤에는 걸주라는 뜻이다. 성종이 낮에는 중국 고대의 전설적인 명군인 요임금, 순임금과 같이 국정을 잘 돌봤지만, 밤에는 중국의 대표적인 폭군인 하나라 최후의 왕 '걸'과 은나라 최후의 왕 '주'처럼 여색을 밝혔다는 것이다.

시간이 갈수록 폐비윤씨의 질투와 시기심은 높아졌다. 실록에 따르면 성종은 이와 관련해 "윤 씨는 짐^{成宗}을 온화한 얼굴로 대한 적이 없다. 내 발자취를 없애겠다고까지 했다"라고 말했다. 야사에는 급기야 폐비윤씨에게 불행한 결말을 가져다주는 중대한 사건이 기록돼 있다. 어느 날 성종과 폐비윤씨가 성종의 여색 문제로 말다툼을 벌이고 있었는데, 폐비윤씨가 손톱으로 성종의 얼굴에 큰 상처를 낸 것이다. 왕의 얼굴인 '용안'^{龍顔}에 상처를 냈다는 것 자체는 중죄에 해당했다. 이 사건으로 인해 조정은 발칵 뒤집혔다. 특히 성종의 어머니인 인수대비는 성종을 직접 불러 왕비를 폐위할 것을 강하게 요구했다. 성종도 마음이 굳어졌다. 일부 신하들은 처음에는 추후 세자가 될수 있는 사람의 친모라는 이유로 폐비를 적극 반대했지만, 인수대비의 강력한 의지와 성종의 결단으로 마지못해 찬성했다. 결국 폐비윤씨는 궁궐에서 쫓겨났고, 폐서인^{廢庶人}으로 강등된후 사가에 머물게 됐다.

1482년, 연산군이 7세가 되면서 한 때 세자 책봉 논의와 더불어 폐비윤씨 복권^{復權} 주장도 제기됐다. 하지만 인수대비의 지속적인 반대와 소용 정 씨 및 엄 씨의 모함으로 복권은 무산됐다. 그런데 그 해 여름, 전국에 기근이 들자 대신들은 폐비윤씨가 굶어 죽을 것을 우려해 성종에게 별궁 안치를 청했다. 옛

정이 다소 남아있던 성종은 은밀히 내관이었던 안중경을 보내 폐비윤씨의 동정을 살피게 했다. 당시 폐비윤씨는 특별히 문제가 될 만한 행동을 하진 않았던 것으로 추정된다. 그러나 사전에 인수대비에게 밀명을 받은 안중경은 폐비윤씨가 반성의 기미를 전혀 보이지 않고 여전히 성종에 대한 원망을 늘어놓고 있다는 거짓 보고를 올렸다. 여기에 폐비윤씨의 기행들을 낱낱이 기록한 정희왕후의 언문서한까지 더해졌다. 분노한 성종은 폐비윤씨에게 '사약'이라는 극형을 내리게 된다. 적잖은 신하들이 해당 결정에 동조하며 성종에게 힘을 실어줬다. 결국 비참한 최후를 맞이한 폐비윤씨는 동대문 밖에 묻혔는데 처음에는 묘비도 없었다. 그로부터 7년 후 세자인 연산군의 앞날을 걱정한 성종은 '윤씨지묘'라는 묘비명을 쓰게 했고, 장단도호부사에게 제사를 지내게 했다. 죽기 전 성종은 향후 100년 간 폐비윤씨의 일을 절대로 거론하지 말라는 유언을 남겼다.

연산군은 '폐비'의 자식이었던 만큼 당초 왕위에 오르지 못할 수도 있었다. 하지만 성종의 의지와 장자라는 정통성이 부각되면서, 연산군은 성종의 뒤를 이어 21세의 나이로 즉위했다. 연산군 스스로도 딱히 문제가 될 만한 행동을 하지 않고 신중한 태도를 보인 것이 주효했다. 성종의 정실 소생이었던 진성대군추후 중종은 이 당시 너무 어렸다. 왕위에 오를 때 연산군이 어머니 폐비윤씨 사건의 진상에 대해 어느 정도 인지하고 있었는지는 확실히 알 수 없다. 그러나 이 사건은 끝내 조선 정국에 잔인한 피바람을 불어오게 한다.

무오사화

연산군 즉위 직후엔 국정이 비교적 정상적으로 돌아갔다. 연산군은 조정의 세력 관계를 잘 파악하며 조율해 나갔고, 신하들의 의견도 어느 정도 존중하는 모습을 보였다. 이 시기엔 사회경제적으로 농업 및 상업의 진흥도 눈에 띄게 나타났다. 성종대의 태평성대 분위기가 아직 남아있었으며, 사림 역시 계속 번성할 것처럼 보였다. 하지만 좋은 시대는 오래가지 못했다. 우선 시간이 갈수록 군왕, 훈구파 대신과 삼사사림 간의 갈등이 표면화됐다. 사림이 중심이 된 삼사는 연산군이 생모인 폐비윤씨를 추숭 하려 하자 성종의 유언을 들이밀며 격하게 반대했다. 수륙재의 시행과 외척, 내시의 임용 및 포상 등 각종 사안에서도 충돌했다. 삼사는 거의 매일 상소를 올렸고, 자신들의 의견이 수용되지 않으면 곧바로 사직을 하는 극단적인 방법도 구사했다. 훈구파 대신들을 겨냥한 탄핵도 빈번하게 행해졌다. 대신들은 강력히 반발했지만 삼사는 전혀 아랑곳하지 않았다. 성종대에 크게 성장한 삼사가 새로운 군왕의 시대에도 국정의 주도권을 계속 잡아가려는 기색이 역력했다. 그러나 연산군과 훈구파는 이를 매우 우려스럽게 지켜봤다. 심지어 '폐단'으로 규정할 정도였다.

그러다가 1498년이 됐을 때 문제가 발생한다. 당시 조정에선 성종실록 편찬을 위해 임시기구인 '실록청'을 설치했다. 총책임자인 실록청 당상으로 임명된 사람은 훈구파인 이극돈이었다. 그는 실록의 초안이 되는 사초를 검수하던 중 사림파의 일원인 김일손이라는 사관이 쓴 글을 발견했다. 해당 글에는 "과거 이극돈은 자신의 능력은 안 키우고 세조에게 아첨해 전라도 관찰사가 됐다. 세조의 비였던 정희왕후의 국상 땐 근신하지 않고 장흥 기생과 어울렸다"는 내용이 담겨있었다. 이극돈은 김일손을 찾아가 해당 글을 삭제해달라고 요청했지만 거부당했다. 이에 따라 그는 김일손과 사림에게 큰 원한을 품게 됐고, 복수를 할 수 있는 방법을 모색했다. 그러다가 매우 좋은 건수들을 발견했다.

김일손이 쓴 다른 사초들을 검수하던 중 연산군의 할아버지인 '세조'와 관련된 불미스러운 기록들을 찾은 것이다. 해당 내용은 다음과 같다. 세조가 자신의 아들이자 성종의 아버지였던 의경세자의 후궁 권 씨를 취하려 한 것. 세조가 조카였던 단종의 어머니이자 자신의 형 문종의 아내였던 현덕왕후의 관을 무덤에서 파내 바다에 버렸다는 것. 단종의 시체가 함부로 버려져 까마귀와 솔개가 날아와서 쪼았고 이후 어떻게 됐는지 알수가 없다는 것. 이극돈은 우선 자신과 긴밀한 관계에 있던 유자광을 찾아가 이 내용을 알렸다. 두 사람은 이것을 이용해 김일손은 물론 사림 전체에게 큰 타격을 입힐 수 있을 것이라고 생각했다. 유자광도 사림에 대한 증오심이 대단했다. 그동안 사림이 유자광을 배신의 대명사로 규정해 멸시했기 때문이다.

과거 유자광은 남이 장군과 더불어 세조가 원로공신들을 견제하기 위해 일부러 키운 신흥무장 세력의 일원이었다. 세조대까지 한솥밥을 먹던 남이와 유자광의 관계는 예종대에 파탄이 난다. 유자광이 원로공신 세력에 합류하기 위해 남이가 역모를 했다고 고변한 것이다. 역모의 진위 여부는 밝혀지지 않았다. 이에 대해 사림은 유자광이 사사로운 이익을 위해 사실이 아닌 일을 거짓으로 꾸며 고발했고, 남이 장군을 배신했다고 맹비난했다. 또한 유자광이 자신의 고향인 함양에 갔을 때 시를 한수 지어 현판 했는데, 추후 함양군수로 부임한 김종직이 이를 불태워버리기도 했다. 당시 유자광은 크게 분노했지만, 한창 잘 나가던 김종직과 사림에게 함부로 대들지 못하고 조용히 지냈다. 그러다가 시간이 지나 이극돈과 함께 복수할 수 있는 기회를 잡은 것이다.

유자광은 세조의 신임을 받았던 파평부원군 윤필상, 선성부원군 노사신, 우의정 한치형 등과 모의한 후 다 함께 연산군을 찾아갔다. 사관도 참석하지 않은 상태에서 그들은 비밀스럽게 연산군에게 김일손의 사초 내용을 보고했다. 연산군은 사안이 심각하다고 판단, 즉각 군사들을 보내 김일손을 압송하라고 명했다. 그는 김일손에게 역모 혐의를 뒤집어씌웠다. 김일손은 해당 내용들이 다른 사람에게서 들은 것에 불과하다며 혐의를 적극 부인했다. 이때 삼사는 연산군이 실록을 열람했다고 비판하면서 김일손을 두둔하는 모습을 보였다. 이에 연산군은 더욱 분노하며 사건을 확대시켰다. 그는 사초 내용의 출처를 규명하기 위해 관련자들의 집을 압수수색하라고 지시했다. 한 관련자의 집을 수색하던 중 편지가 발견됐다. 해당 편지엔 연산군과 현실정치에 대한 비판이 담겨있었다. 이를 본 연산군은 "군소배群小輩가 붕당을 만들어 재상과 국사國事를 비판하니 통렬히 징계해 그 풍습을 개혁하라"라고 명했다. 이제 사건은 김일손 개인의 사초 문제에서 벗어나 그와 관련된 집단사림이 붕당을 결성해 군왕과 국사를 비판한 조직적 범죄로 확대, 규정됐다.

분위기가 심상치 않게 흘러가는 가운데 급기야 첫 번째 사화를 촉발시키는 결정적인 사건이 발생한다. 그 유명한 김종직의 '조의제문弔義帝文'이 도마 위에 오른 것이다. 조의제문에는 항우에게 죽은 초나라의 회왕, 즉 의제를 조상弔喪하는 내용이 담겨있었다. 기실 이것은 세조를 항우에, 단종을 의제에 비유하며 세조를 에둘러 비난하는 글이었다. 매우 불충한 글로 비치기에 충분했다. 김종직과 사림은 일찍이 왕위를 찬탈하고 단종을 죽인 세조와 그 공신들을 알게 모르게 비판해 왔다. 조의제문의 존재는 김일손을 추궁하는 과정에서 알려졌지만, 아직 연산군이 직접 본 것은 아니었다. 이번에도 유자광이 움직였다. 그는 사초를 검수해 조의제문을 발견했고, 구절마다 해석을 달아 연산군에게 보고했다. 아울러 이것을 작성한 사람은 물론 간행한 사람들을 모두 강력히 처벌해야 한다고 주장했다. 즉 김종직과 김일손을 비롯한 그의 사림파 제자들을 겨냥한 것이다. 연산군은 유자광의 해석과 처벌 주장에 동의했다. 그는 "세조께서 일찍이 김종직을 불초하다고 했는데, 김종직은 그것을 원망해 이렇게 글을 지어 기롱하고 논평했다"라고 말했다. 나아가 "사악한 잡초를 깨끗이 없애겠다"라고 선언했다. 김종직과 사림에 적대적이었던 조정 대신들은 연산군에게 적극 동조했다. 왕의 선언 직후 김종직의 제자들이라고 할 만한 25명의 명단이 밝혀졌다. 이들에 대한 처벌 수위도 신속히 정해졌다. 조의제문 당사자인 김종직의 경우 이미 죽었는데 목이 잘리는 '부관참시' 처분이 내려졌다.

그런데 이때 삼사의 대간이 나섰다. 그들은 김종직이 죽었으니 부관참시는 과도하다고 주장했다. 대신 김종직 생전의 위훈位勳을 깎아 없애고, 자손들을 종신토록 관리가 될 수 없게 하자고 했다. 가뜩이나 삼사에 대한 분노가 끓어오르던 연산군은 폭발하고 말았다. 그는 삼사가 김종직 일파와 붕당으로 연결돼 있고, 대역죄인들을 비호하고 있다고 규정했다. 즉각 관련자들을 체포해 국문하라고 명했다. 김종직과 일부 사림파 제자들만이 아닌 삼사 전체가 덫에 걸려들었다. '무오사화'의 시작이었다. 우선 김종직의 문집과 판본이 모두 수거, 소각됐다. 김종직은 부관참시를 당했고, 그의 제자들과 삼사 관원들이 처형되거나 유배를 떠났다. 무오사화에서 피해를 입은 사림파 사람들은 총 52명이었다. 연산군은 이번 기회를 통해 눈엣가시였던 삼사를 자신의 입맛에 맞게 바꾸려고도 했다. 그는 향후 대간을 선발할 때 불초하거나 연소한 자들은 절대 임명하지 말라고 못을 박았다. 또한 승정원에서 출납하는 공사公事를 누설해선 안 되고 기록을 담당하는 주서청에 신하들이 출입하지 못하도록 했다. 이는 국무와 관련된 발언과 기록들을 완전히 통제하려고 한 것이다. 그동안 삼사 등 신하들에 끌려다니는 모습을 보였던 연산군이 무오사화를 계기로 독단적인 왕권 행사의 길로 나아갔다.

다만 무오사화는 이후의 사화와 달리 비교적 제한적으로

이뤄진 측면이 있다. 사건도 기획된 것이 아닌 갑작스레 발발했고, 단기간에 수사와 처벌이 진행됐다. 사건 시작부터 마무리까지 걸린 시일은 한 달이 채 되지 않았다. 다른 사화와 비교해 볼 때 처벌 규모가 큰 것도 아니었다. 연산군도 이때까진 정상적인 상태였다. 결국 무차별적인 숙청이 아닌 매우 절제된 형태의 정치적 숙청이었던 것이다.

갑자사화

무오사화 이후 군왕으로서의 연산군의 위세는 드높아졌다. 그는 자신이 갖고 있는 왕권의 위력을 새삼 실감했고, 말보단 힘으로써 신하들을 억누르려 했다. 반면 성종대부터 기세등등했던 사림파와 삼사는 크게 위축됐다. 지속적인 탄압으로 삼사엔 비판적인 사람들이 들어오려 하지 않았고, 나약하고 아부하기 좋아하는 사람들이 빈자리를 채웠다. 연산군은 온순하게 길들여진 삼사의 모습에 매우 만족해했다.

긴장감이 풀어진 탓이었을까. 연산군은 이때부터 비정상적인 모습을 보여주기 시작한다. 국정을 전혀 돌보지 않았고, 연회와 사치, 사냥 등에 빠졌다. 그러면서 국고를 탕진해나갔고 백성들에게 과도한 짐을 지웠다. 세출이 세입을 초과하는 것은 물론 공납도 크게 확대됐다. 더욱이 연산군은 자신의 일탈이 외부에 잘 알려지지 않도록 궁궐 주변의 민가를 대거 철거했다. 궁궐 외곽 경기도 일원에 민간인 통제구역을 설정하고, 그 경계에 통행금지 표지인 '금표'禁標를 설치하기도 했다.

날이 갈수록 연산군의 일탈이 심화되자 신하들의 우려도 점점 높아졌다. 이전에 비해 온순해진 삼사였지만, 일부 관원들은 더 이상 왕의 방만한 모습을 좌시하지 않고 간쟁에 나섰다. 그런데 이때 조정에선 이전과 확연히 달라진 모습이 나타났다. 그동안 연산군과 한편이었던 훈구파 대신들도 삼사와 비슷하게 간쟁에 동참한 것이다. 그만큼 연산군의 폭정이 도를 넘어섰기 때문이다. 대표적으로 좌의정 한치형, 우의정 성준, 좌찬성 이극균, 우찬성 박건 등이 10개 항이 수록된 장문의 상소문을 올렸다. 왕이 과도한 사치와 재정 지출을 중단해야 한다는 것이 골자였다. 하지만 역효과만 불러일으켰다. 연산군은 전혀 달라지지 않았고, 되레 왕에게 간쟁하는 신하들에 대한 분노를 표출했다. 그는 "대간의 말을 들어주지 않으면 정승이 말하고, 정승의 말을 들어주지 않으면 육조가 말한다. 요즘 위에서 하는 일이라면 기어이 이기려고 해서 쟁론이 끝이 없다"라고 토로했다. 위기감도 높아졌다. 연산군은 다시금 왕권의 위력을 보여줄 필요가 있다고 생각했다. 그러면서 제한적인 형태에 그쳤던 무오사화보다 훨씬 강력한 숙청을 결심하게 된다.

'갑자사화'였다.

　　표면적으로 갑자사화는 두 가지의 사소한 사건과 한 가지의 결정적 사건에서 기인한 것으로 본다. 1503년, 연산군이 연회를 열어 신하였던 이세좌에게 술을 내렸는데, 이세좌는 이를 엎지르는 실수를 범했다. 이에 따라 그는 무안에 보내졌다가 온성, 평해로 이배 됐다. 이듬해엔 홍귀달이 손녀를 입궐시키라는 왕명을 거부해 함경북도 경원으로 유배를 떠났다. 연산군은 이것들을 신하가 왕을 업신여기는 대표적인 사례로 꼽았다. 이어 그는 이세좌와 홍귀달의 행위를 비판하지 않는다며 삼사를 책망했다. 불길한 그림자가 엄습해오는 가운데 급기야 연산군을 폭주하게 만드는 사건이 터지고 만다. 유자광과 더불어 간신의 대명사인 임사홍이 연산군에게 폐비윤씨의 진상을 고한 것이다. 임사홍은 이를 통해 훈구파 대신들과 사림파 등 자신의 정적들을 제거하려고 했다. 당시 상황을 나타낸 중종실록의 기록은 다음과 같다. "폐주廢主, 연산군가 임숭재의 집에 가서 술자리를 베풀었는데, 술자리가 한창 어울렸을 때 숭재가 말하기를 '신의 아비 또한 신의 집에 왔습니다'라고 하였다. 폐주가 빨리 불러 들어오게 하니, 사홍이 입시하여 추연히 근심하는 듯하였다. 폐주가 괴이하게 여기어 그 까닭을 물으니 사홍이 '폐비한 일이 애통하고 애통합니다. 이는 실로 대내에 엄嚴, 정鄭

두 궁인이 있어 화를 얽었으나, 실제로는 이세좌, 윤필상 등이 성사시킨 것입니다'라고 말했다." 또한 연산군은 폐비윤씨의 어머니이자 본인의 할머니를 만나 윤 씨가 사사될 때 흘렸던 피 묻은 적삼까지 보게 됐다. 신하들에 대한 대규모 숙청을 계획하고 있던 연산군에게 이 폐비윤씨 사건은 더할 나위 없이 좋은 원동력이 됐다.

우선 연산군은 성종의 후궁이었던 귀인 엄 씨와 정 씨를 끌고 와 마구 때렸다. 그리고 그녀들의 얼굴에 포대 자루를 씌워 누구인지 못 알아보게 했고, 그 아들들인 이항과 이봉을 궁궐로 불러들였다. 연산군은 그들에게 포대 자루가 씌워져 있는 사람들을 죽도록 때리라고 명했다. 당연히 이항과 이봉은 앞에 있는 사람들이 어머니인 것을 판별하기 어려웠다. 그럼에도 이봉은 어머니정 씨인 것을 알아채고 차마 때리지 못했지만, 이항은 어머니엄 씨인지 모르고 마구 때려 사망에 이르게 했다. 연산군은 사람을 시켜 남은 정 씨도 참혹하게 죽였다. 여기서 끝난 것이 아니다. 연산군은 내수사를 시켜 엄 씨와 정 씨의 시신을 찢어 젓갈에 담았고, 산과 들에 흩어버렸다. 그녀들의 소생들은 유배를 보낸 후 사사했다.

왕실의 웃어른인 연산군의 조모 인수대비도 무사하지 못

했다. 연산군은 인수대비가 엄 씨, 정 씨와 한패라고 규정했고, 그녀의 침소에 난입해 행패를 부렸다. 일설에 따르면, 연산군이 머리로 인수대비를 들이받은 것으로 전해진다. 인수대비는 이에 따른 충격으로 며칠 뒤에 세상을 떠났다. 갑자사화의 광풍은 이제 신하들에게 본격적으로 휘몰아친다. 연산군은 윤 씨의 폐출과 사사에 관련된 사람들을 철저하게 조사하라고 지시했다. 윤 씨 폐비에 적극 나선 사람들, 소극적이었지만 그 시기에 고위직에 있었던 사람들, 단지 명을 받은 것에 불과한 사람들 모두가 표적이 됐다. 그 결과 사림파는 물론 전현직 훈구파 대신들이 대거 엮여있었다. 특히 왕에게 실수하고 명을 거부했던 이세좌, 홍귀달이 모두 폐비윤씨 사건에 연루된 것을 파악한 연산군은 왕에 대한 대신들의 업신여김의 뿌리가 깊다며 분노했다. 이후 그는 대표적인 대신들인 영의정 윤필상과 성준, 좌의정 이극균, 예조판서 이세좌, 홍귀달 등을 극형에 처했다. 당대의 권세가들이었던 이들이 연산군의 폭주에 맥없이 쓰러졌다. 살아있는 대신들 뿐만 아니라 이미 죽은 대신들도 표적이 됐다. 계유정난의 설계자이자 세조의 오른팔이었던 한명회, 영의정 한치형과 정창손, 좌의정 어세겸, 찬성 이파 등은 무오사화 때의 김종직과 마찬가지로 부관참시를 당했다. 사림파 가운데 피해를 입은 대표적인 인물들은 김굉필, 권주, 권달수, 이행 등이다. 권달수와 이행은 폐비윤씨를 복위시켜 왕비로 추숭하고 성종묘에 배사하는 것에 반대해 화를 입었다. 비단 본인들만이 피해를 본 것도 아니다. 그 가족과 제자들에게도 숙청의 칼날이 휘둘러졌다.

갑자사화 때 시행된 처벌의 방식도 특기할 만하다. 일반적인 방식이 아닌 매우 참혹한 방식으로 시행됐기 때문이다. 당시 연산군이 행했던 처벌을 보면 '포락'凉烙, 단근질하기, '착흉'嫂胸, 가슴 빠개기, '촌참'寸斬, 토막토막 자르기, '쇄골표풍'碎骨瓢風, 뼈를 갈아 바람에 날리기, '파가저택'破家瀦宅, 집을 파괴하고 그 터에 물을 대 연못 만들기 등이 있었다. 당시 조선에는 '경국대전'이란 기본 법전이 있었고, 형 집행을 할 땐 매우 엄격한 기준을 적용했었다. 하지만 연산군은 이를 완전히 무시했고, 매우 야만적인 방법을 동원해 사람들을 함부로 죽였다. 더욱이 추쇄도감을 통한 재산 몰수라는 경제적 처벌도 이뤄졌다. 몰수된 재산은 연산군이 탕진한 국고를 메우는 역할을 했다.

갑자사화는 그 규모 면에서 무오사화를 압도했다. 제한적으로 이뤄진 무오사화의 피해자가 총 52명이었다면, 갑자사화의 피해자는 무려 239명에 달했다. 이 가운데 극형을 당한 사람만 122명으로 전체의 절반을 넘었다. 훈구파 대신들이 상당수 희생됐음에도 갑자사화를 '사화'라고 부르는 것은 여전히 삼사의 피해가 가장 컸기 때문이다. 피해를 본 훈구파 대신들은 20

명, 삼사의 관원들은 92명이었다. 그야말로 폭정과 향락에 빠져든 군왕이 신하들 전체를 대상으로 자행한 무차별적인 학살극이었다.

몰락

두 차례의 사화로 인해 표면적으로 연산군의 견제 세력은 사라졌다. 연산군은 권력을 독점했고, 거침이 없는 광기를 계속 표출한다. 매일 연회를 열어 주색을 탐했으며, 마음에 들지 않는 사람들을 죽였다. 이 같은 모습은 그가 폐위될 때까지 2년 반 가량 지속된다. 특히 궁궐 안으로 수많은 기생들을 들여왔는데, 이들을 흥청興淸, 계평繼平, 속홍續紅 등으로 나눠 불렀다. 여기서 왕과 잠자리를 가진 자는 천과흥청天科興淸, 왕을 지근거리에서 모신 자는 지과흥청地科興淸이라고 했다. 이때 성균관은 연산군과 흥청들의 놀이터로 전락했다. 연산군은 대신들에게는 홍준체찰사紅駿體察使란 칭호를 부여한 후 서울과 지방의 처첩 및 창기 등을 색출해 각 원院에 나눠서 두게 했다.

종실宗室 여인이나 사대부의 부인들도 연산군은 갖은 수를 써가며 취했다. 야사에 따르면 그는 성종의 친형이자 자신의 백부인 월산대군의 부인 박 씨를 겁탈한 것으로 전해진다. 이후 박 씨는 수치심을 견디지 못해 자결했다고 한다. 진실 여부를 떠나 박 씨 겁탈 이야기는 연산군의 광기를 적나라하게 방증하는 것이다. 나라의 앞날을 생각해 충언을 하는 사람들의 목숨은 남아나지 않았다. 특히 수많은 왕을 모셨던 환관 김처선이 더 이상 참지 못하고 대놓고 간언 했을 때, 연산군은 직접 그의 다리와 혀를 잘라 죽였다. 김처선의 양자인 이공신과 7촌까지 연좌시켜 처형했고, 본관인 전의도 없애버렸다. 심지어 '처'處자 사용을 금하면서 처용무를 풍두무로 고치기도 했다. 또한 자신의 폭정을 비난하는 한글 방서사건榜書事件이 발생하자 연산군은 글을 아는 사람들을 잡아들여 옥사를 벌였고, 한글서적을 불사르는 언문학대諺文虐待까지 자행했다. 이는 조선의 국문학 발전에 심대한 악영향을 끼쳤다. 이와 같은 전대미문前代未聞의 폭정으로 성종대에 나타났던 유교적 왕도정치는 완전히 사라졌고, 백성들의 삶은 더욱 힘들어졌다.

도를 한참 넘어선 만큼 연산군에 대한 반감이 전방위적으로 분출될 수밖에 없었다. 이 즈음 조선에선 반란을 모색하는 세력이 한 둘이 아니었던 것으로 전해진다. 이 가운데 가장 기민하게 움직였던 사람은 박원종이다. 그는 연산군이 겁탈해 자결했다는 월산대군 부인 박 씨의 친동생이었고, 과거 성종대에는 부승지에 올랐으며 연산군대에는 도총관을 역임하고 있었다. 나름 연산군의 총애를 받았던 그였지만, 더는 연산군의 폭정을 좌시할 수 없었다. 박원종은 단죄의 칼날을 **빼들** 것을 결심한 후 훈구파 계열인 재상 성희안, 유순정 등과 손잡고 세력을 규합해 나갔다. 훗날 중종 시대에 이들은 '삼대장'으로 불린다. 박원종 등은 당시 각지에서 반란 움직임이 감지되고 있었던 만큼, 자칫 선수를 빼앗기면 자신들도 연산군 측근으로 분류돼 죽임을 당할 수도 있을 것이라고 봤다. 그래서 더욱 적극적으로 움직였다.

이들은 마침내 거사일을 확정했고, 차기 왕으로 자순대비 윤 씨의 소생인 진성대군을 추대하기로 했다. 거사의 명분은 '반정', 잘못된 상태를 올바른 상태로 되돌린다는 것이었다. 연산군의 폭정 및 광기를 감안할 때 거사의 명분은 충분히 갖춰진 셈이었다. 박원종 등은 우선 삼정승에게 은밀히 거사 계획을 흘렸다. 영의정 유순과 우의정 김수동은 찬성했지만, 연산군의 처남이자 진성대군의 장인이었던 좌의정 신수근은 "세자가 총명하니 참는 것이 좋겠다"면서 찬성하지 않았다.

이에 박원종 등은 계획이 누설될 것을 염려해 거사를 앞당겼다. 1506년 9월 1일 밤, 군자감부정 신윤무, 군기시첨정 박영문, 전수원부사 장정 등과 일단의 군사들이 훈련원에 집결했다. 반정군은 먼저 차기 왕으로 추대할 진성대군을 호위하기 위해 그의 집으로 일부 병력을 보냈다. 야사에 따르면 자신의 집을 정체불명의 군사들이 에워싸는 것을 목격한 진성대군은 연산군이 보낸 군사들이라고 생각해 자결하려고 했다. 사전에 반정군은 진성대군에게 거사 계획을 알리긴 했다. 그러나 부인 신 씨가 기지를 발휘했다. 그녀는 군사들의 말머리가 집을 향해 있으면 연산군이 보낸 것이겠지만, 말머리가 바깥을 향해 있으면 호위군일 것이라고 예측했다. 확인 결과 후자였다. 진성대군은 비로소 안심할 수 있었다.

다음으로 반정군은 '승명패'를 소지한 채 연산군의 최측근들인 임사홍, 김효선 등과 반정에 반대했던 좌의정 신수근, 신수영 형제를 찾아갔다. 승명 패는 왕명을 전달하거나 수행하는 신하가 지닌 명패였다. 이것이 있으면 거사를 도모하기가 훨씬 수월했다. 반정군은 이들 앞에서 승명패를 내보이며 왕명을 빙자했고, 임사홍, 신수근 등을 손쉽게 척살했다. 이후 반정군은 연산군이 있는 창덕궁으로 진격했다. 반정군이 진격하는 동안 백성들이 호응했으며, 궁궐 안팎의 저항은 크지 않았던 것으로 전해진다. 궁궐을 무난하게 장악한 반정군은 자순대비를 찾아가 반정 소식을 알렸고, 연산군을 폐위하고 차기 왕으로 진성대군을 추대한다는 교지를 내려줄 것을 청했다. 자순대비는 처음엔 사양하는 모습을 보였지만, 계속된 간청에 이를 허락하는 비망기備忘記를 내렸다.

한편 반정을 접한 연산군은 별다른 저항을 하지 않고 순순히 운명을 받아들였다. 실록은 "폐주는 '내 죄가 중대하여 이렇게 될 줄 알았다. 좋을 대로 하라'고 하며 곧 시녀를 시켜 옥새를 내어다 주게 하였다. 폐주가 내전문으로 나와 땅에 엎드리면서 '내가 큰 죄를 지었는데도 특별히 임금의 은혜를 입어 죽지 않게 되었습니다'라고 하였다"라고 전한다. 반정이 성공한 당일 진성대군은 19세의 나이로 근정전에서 즉위했다. 폐위된 연산군은 강화도 교동으로 유배를 간 후 1506년 11월에 병사했다. 반정이 일어난 지 2개월 밖에 안 된 시점이었다. 연산군은 광해군제15대 왕과 더불어 조선 시대의 몇 안 되는 폐주였고, 왕실의 족보인 '선원계보'璿源系譜에 묘호 및 능호 없이 일개 왕자의 신분으로만 기록됐다. 희대의 폭군의 말로는 실로 비참했고, 세월의 흐름 속에서 지속적인 지탄의 대상이 됐다.

08

선조의 '기축옥사'

선비 1000여명이 떼죽음 당하다

암군의 시대, 역사상 최대·최악의 옥사 전말

기축록.   한국민족문화대백과.

"선조 이후 하나가 갈려 두 당이 되고, 둘이 갈려 네 당이 되고, 넷이 또 갈려 여덟 당이 되었다. 이것이 대대로 전해져서 그들의 자손은 그대로 원수가 되어 더러는 죽이기까지 했다. 조정에서 함께 벼슬하고 같은 마을에 살면서도 늙어 죽도록 서로 왕래도 하지 않았다. 길사나 흉사가 있으면 수군수군 서로 헐뜯으며 결혼이라도 하면 무리를 지어 공격했다. 심지어 언동과 복색까지 모양을 달리해 길에서 만나도 가려낼 수 있었다."

_이익 『성호사설』 中

역사에는 부정적인 유형의 군주로 폭군^{暴君}과 더불어 '암군' ^{暗君}이 존재한다. 크게 보면 둘이 비슷해 보이지만, 미세한 차이가 있다. 폭군은 앞서 다뤘던 연산군처럼 시종일관 다른 사람들을 힘이나 권력으로 억누르며 사납고 악한 짓을 일삼는 군왕을 말한다. 반면 암군은 사납고 악한 특성을 어느 정도 갖고 있지만, 폭군처럼 항상 그러한 특성을 표출하지는 않는다. 다만 특정한 시기에 해당 특성을 과하게 표출하며, 심각한 어리석음까지 갖추고 있다. 조선 역사상 대표적인 암군에는 언제나 인조와 함께 조선의 제14대 왕인 '선조'를 꼽힌다. 그는 기본적인 성품이 모질고 사리분별을 제대로 하지 못했다.

선조가 왕위에 있을 때, 조선은 대내외적으로 커다란 격변기에 놓여있었다. 바다 건너 일본의 상황이 심상치 않았고, 조정에서는 정치 구도의 변화가 뚜렷하게 나타났다. 이런 상황에서 선조라는 암군의 존재는 필연적으로 굵직한 '재앙'을 연이어 발생시켰다. 우선 1592년에 발생한 일본과의 7년 전쟁인 '임진왜란'壬辰倭亂이 있었다. 그런데 이보다 앞선 기축년인 1589년에 조선의 선비 1000여 명이 떼죽음을 당한 '기축옥사'己丑獄事도 있었다. 이는 조선사는 물론 우리나라 역사를 통틀어 가장 광범위하게 진행된 옥사로 여겨진다.

기축옥사의 기원은 선조 때부터 조정의 중심세력이 되는 '사림'士林이 내부적으로 자리다툼을 하는 과정에서 동인과 서인으로 '붕당'朋黨을 형성하면 서다. 초반에 두 세력은 학문과 이념을 바탕으로 비교적 무난한 대립 관계를 나타냈다. 하지만 실체가 불분명한 모반사건정여립 모반 사건이 발생하면서 두 세력의 관계는 파탄이 났고, 조선 사회에는 이른바 '숙청'의 광풍이 휘몰아친다. 비단 역모 사건 처리에서 벗어나, 이를 빌미로 반대 세력 전체를 살육에 기반해 전방위적으로 탄압을 하는 암흑적인 상황이 도래했다. 선조의 어리석고 괴팍한 성격은 불난집에 기름을 부었다. 극심한 당쟁과 이를 제어하지 못하고 오히려 조장하는 암군이 만났을 때, 어떠한 비극이 초래될 수 있는지를 여실히 보여준 사례였다.

기축옥사는 당대는 물론 이후에도 조선 사회에 큰 악영향을 끼친다. 유능한 인재들이 대거 죽임을 당해 임진왜란을 제대로 대처하지 못했고, 옥사의 피해가 가장 컸던 전라도는 정계에서 일부 배제되는 등 지역 문제로까지 비화됐다는 분석이 나온다. 또한 이때부터 붕당의 본질이 변질돼 한 당파가 다른 당파를 '죽이는' 형국이 표면화 됐다. 그럼에도 이를 주도한 세력이 지속적으로 권력을 잡았기 때문에, 이후의 역사에서 옥사의 폐해는 축소되고 은폐됐다. 대표적인 암군의 시대에 역사상 최대, 최악의 옥사로 평가를 받는 '기축옥사' 전말을 되돌아봤다.

사림의 재기 모색, 집권

성리학을 숭상하며 조선 초 조정의 신진세력으로 부상한 사림은 기득권 세력인 훈구파와 충돌했다. 훈구파는 삼사三司를 통해 치고 들어오는 사림을 좌시할 수 없었다. 결국 당시 군왕들연산군, 중종, 명종을 꼬드겨 비정상적이고 폭력적인 방법을 동원해 사림을 탄압했다. '사화'士禍였다. 무오사화, 갑자사화, 기묘사화, 을사사화 등 무려 4차례에 걸친 대규모 사화로 인해 사림은 완전히 소멸할 것처럼 보였다.

하지만 이들은 잡초와 같았다. 중앙정계에선 밀려났지만,

근간이 되는 향촌에서 사림은 재기의 발판을 마련하고 있었다. 성리학에 대한 보다 깊이 있는 연구가 진행됐고, 사설 교육기관인 '서원'書院의 발달과 더불어 출중한 학자들도 많이 배출됐다. 향촌 사회의 자치규약인 '향약'鄕約도 사림의 재기를 뒷받침했다. 을사사화 이후 조정의 기류도 점차 사림에게 유리하게 돌아갔다. 사림을 제거하려고 또 한 번의 사화를 계획했던 이양명종비 인순왕후 심 씨의 아버지인 심강의 처남이 인순왕후의 동생인 심의겸의 계책에 밀려 제거됐다. 조정에서 영향력이 커진 심의겸은 명종대에 유행한 '척신'戚臣이었지만, 여느 척신과 달랐다. 사림과 매우 우호적인 관계를 맺고 있었던 것이다. 기실 심의겸의 집안사람들은 대체로 친親 사림적이었다. 심의겸의 조부인 심연원, 부친인 심강 등은 사림을 대놓고 두둔했다. 이에 따라 심의겸의 도움으로 중앙정계에 진출하는 사림이 늘어났다.

이런 가운데 중종의 계비이자 명종의 친모였던 문정왕후가 세상을 떠났다. 그녀는 사림과 대척점에 있던 훈구권신들을 비호해 왔었다. 사림은 속으로 쾌재를 불렀다. 이후 선조가 즉위하면서 사림이 본격적으로 중앙정계에 진출할 수 있는 문이 열렸다. 무엇보다 선조는 사림 중용의 의지를 대놓고 드러냈다. 그는 세자로 있을 때부터 훈구권신들의 국정농단을 지켜봤다. 큰 염증과 위협을 느끼고 있었고, 정국구도 변화를 갈망했다.

이로 인해 대표적인 사림 인물인 이황, 백인걸, 노수신, 유희춘, 김난상 등이 조정에 들어왔다. 반면 심통원 등 훈구권신들은 관작이 삭탈되는 등 철저히 배척을 받았다.

나아가 선조는 중종 때부터 제기됐던 문제를 해결하며 사림의 최종적인 승리를 이끌었다. 바로 조광조 추증追贈과 남곤의 관작 삭탈이다. 조광조는 중종 대에 중용된 개혁적인 사림 인사였지만, 기묘사화에 휘말려 죽임을 당했다. 남곤은 문장과 글씨가 뛰어난 문신이었지만, 사화를 주도하며 사림 탄압에 앞장섰던 인물이었다. 어느 날, 선조는 이황을 불러 조광조의 학문과 행사에 대해 물었다. 이황은 "조광조는 천품이 뛰어나고 일찍이 성리性理의 학문에 뜻을 두었으며 집에 거할 때는 효성과 우애가 있었다. 중묘中宗께서 치도治道를 갈구하시어 삼대의 다스림을 일으키려고 하자 조광조도 세상에 다시없는 성군을 만났다고 해 김정·김식·기준·한충 등과 서로 같은 마음으로 협력해 모든 정치에서 크게 경장更張시켰다"라고 답했다. 이어 선조는 남곤에 대해 물었다. 이황은 "남곤의 죄악은 매우 중대하므로 관작을 삭탈시켜야만 사림들이 시원스럽게 여길 것이니, 조광조를 포상 추증하고 남곤을 추죄한다면 시비가 분명해질 것"이라고 답했다.

이에 따라 조광조는 사후에 품계가 높아졌고, 남곤은 사후에 탄핵 및 처벌을 받았다. 이제 조정에서 오랜 기간 기득권 세력으로 군림했던 훈구권신들이 완전히 밀려났고, 사림의 독무대가 형성됐다. 무수한 탄압으로 지난한 세월을 보냈던 사림. 그러나 향촌이라는 탄탄한 기반과 우호적인 시대를 만나 극적으로 중앙정계를 장악하는 기염을 토했던 것이다.

붕당의 형성

사림의 세상이 되면서 정치에 참여하려는 양반의 수가 많아졌다. 할 말은 많았지만 훈구파의 권세에 밀려 참고 있었던 목소리들을 대거 분출하려고 했다. 그런데 문제가 있었다. 양반의 수에 비례해 조정의 관직이 늘어나지 않았다. 관직 수요는 많아졌지만 공급이 뒤따르지 못하면서 부작용이 발생하기 시작했다. 한정된 관직을 차지하기 위해 사림 사이에서 경쟁과 대립이 촉발된 것이다. '붕당'朋黨의 형성이었다. 붕당의 시초를 노당과 소당의 분쟁으로 보기도 한다. 노당은 영의정 이준경을 중심으로 하는 원로 사림이었다. 이들은 중종 이후부터 전개된 권신 집권기에 조정에 남아 소신을 지켰던 세력이다. 소당은 재야에 가서 학문을 연마한 사람들을 추종한 젊은 사림이었다. 노당과 소당은 선조 이후 관직 진출 여부를 놓고 대립했지만, 유혈사태로 나아가지 않고 봉합됐다.

첫 번째 붕당은 1575년 이조전랑직吏曹銓郎職을 놓고 벌어진

숙청의 역사

김효원과 심의겸의 대립에서 비롯됐다. 이조전랑은 정5품으로 높은 관직은 아니었지만, 핵심인 언론기관 삼사사헌부, 사간원, 홍문관의 인사권을 갖고 있어 누구나 탐내는 자리였다. 어느 파벌이 이를 차지하느냐에 따라 조정의 세력 구도가 완전히 뒤바뀔 수도 있었다. 초반 김효원이 이조전랑에 취임할 때 심의겸은 "김효원이 일찍이 권신 윤원형의 식객으로 있으면서 권세에 아부한 소인이므로 적임자가 아니다"라며 반대했다. 이후 김효원이 경흥부사로 이동하자 이조전랑에 심의겸의 아우인 심충겸이 천거됐다. 이때엔 김효원이 "왕의 외척이 인사권을 장악하고 있는 전랑직에 앉는다는 것은 부당하다"며 반대했다. 이 같은 대립을 계기로 당시 사림이 두 부류로 갈라졌다. 김효원은 허엽 등과 함께 '동인'신진사림을, 심의겸은 박순 등과 함께 '서인'기성사림을 각각 형성했다. 김효원의 집이 한양의 동쪽, 심의겸의 집이 한양의 서쪽에 있어 동인과 서인이라는 명칭이 나왔다고 한다. 붕당의 형성은 당시 군왕인 선조가 조장했던 측면도 있었고, 훈구파에 대한 처리 문제를 놓고 강경파동인와 온건파서인로 나뉜 측면도 있었다. 비록 문제의 당사자라고 할 수 있는 김효원과 심의겸은 추후에 화해를 했지만, 두 사람을 추종하는 세력의 대립은 오히려 심화됐다. 특히 동인의 신진사림은 심의겸이 외척이라는 이유만으로 격한 비난을 쏟아냈다.

동인과 서인의 붕당에서 우세한 입장에 있었던 것은 사실상 동인이었다. 동인은 비교적 수가 많았고, 이황, 조식, 서경덕 등 대학자의 학맥을 온전히 이어받고 있었다. 이들은 절대적이고 이론적인 리理를 중시하는 '주리론'主理論에 기반했다. 경험적 세계의 현실 문제보단 도덕적 원리에 기반한 인식과 실천을 중시했고, 신분 질서를 유지하는 도덕규범이 확립되는 데 기여했다. 반면 서인의 경우 경험적이고 현실적인 기氣를 중시하는 '주기론'主氣論에 기반했다. 하지만 이들은 동인처럼 학문적 기반을 명확히 해 줄 중심인물을 갖지 못해 좌충우돌하는 모습을 보였다. 그나마 율곡 이이의 학맥을 이었다고 볼 수 있지만, 이이는 비단 주기론만을 강조했던 것도 아니었다. 이런 가운데 무게중심이 동인에게 확실히 기우는 결정적인 일이 발생한다. 1584년, 동인과 서인 사이에서 중재자 역할을 했던 이이가 사망한 후 이발 등이 서인의 핵심인 심의겸을 탄핵, 파직시키면서 서인 세력이 크게 꺾이게 된 것이다. 이제 조정에는 동인 세력이 득세하게 됐다.

한편 붕당은 기본적으로 학문과 이념의 차이에서 출발했다고 보는 것이 옳다. 그리고 정치 세력 간 합리적인 비판과 견제를 통해 정치를 활성화시키고, 궁극적으로 올바른 정치를 추구하게 하려는 순기능도 내재하고 있었다. 식민사관에서 강조하는 것처럼, 붕당을 단순히 파국을 초래한 당파 싸움으로만 볼 수 없는 이유다. 다만 시간이 갈수록 붕당이 순기능 추구를 벗어나 자당의 이익만을 우선시하며 극단적인 방향으로 전개되는 모습이 뚜렷해졌다.

정여립 모반 사건

한동안 동인의 세상이 이어졌다. 그러나 1589년, 한 인물과 관련된 사건에 의해 동인은 '재앙'을 맞게 된다. 바로 '정여립 모반 사건'이다. 정여립은 1570년 식년문과에 을과로 급제한 후 1583년 예조좌랑을 거쳐 이듬해 홍문관의 정 6품 관직인 수찬修撰이 됐다. 당초 그는 이이와 성혼의 문하에 있으면서 서인 측에서 활동했다. 하지만 수찬이 된 후 변신했다. 갑자기 동인 측에 들어간 것이다. 더 나아가 정여립은 이이와 성혼 등을 강하게 비판하기 시작했다. 이 같은 모습이 지속되자 서인은 정여립을 공격했다. 그들은 선조에게 가서 "정여립은 본래 이이의 문하생으로써 조정에 들어온 것이 모두 이이의 힘이었는데, 갑자기 변절해 의리를 저버렸고 기본적인 성품이 잘못됐다"라고 비판했다.

선조는 서인의 편을 들어줬다. 그는 당시 세상을 떠난 이이에 대한 그리움을 갖고 있었다. 또한 군왕을 대하는 정여립의 태도를 곱게 보지 않았다. 일설에 따르면, 정여립이 조정에서 선조에게 무언가를 아뢰었을 때 선조가 이를 받아들이지 않자 눈에 띌 정도로 인상을 쓰며 돌아섰다고 한다. 선조는 "처음엔 정여립의 행동이 떠도는 소문에서 비롯된 것이라고 여겼었지만, 나중에 알고 보니 근거 없는 무고가 아니었고 이랬다 저랬다 하는 형편없는 자"라고 정여립을 책망했다. 동인은 서인의 주장이 잘못됐다며 끝까지 정여립을 옹호했지만, 이미 왕이 정여립에 대한 신임을 거둔 만큼 달리 구제할 방도가 없었다. 결국 정여립은 관직을 내려놓고 고향인 전라도로 낙향했다.

정여립은 개인적인 매력이 출중했던 것으로 보인다. 조정에서도 그랬고, 고향에 내려가서도 그의 주변엔 항상 사람들이 몰렸기 때문이다. 이에 그는 전라도 진안 죽도에 개인 서재를 만들어 사람들을 만났고, 인근의 무사나 힘이 장사인 노비들을 모아 한 달에 한 번 활쏘기 모임을 만들었다. 이 모임이 훗날 큰 문제를 일으키는 '대동계'大同契였다. 대동계는 시간이 갈수록 강력한 세력을 형성했다. 심지어 당시 손죽도에 왜구가 침입정해왜변했을 때 정여립의 대동계가 출전해 왜구를 물리쳤다. 비단 전라도만이 아닌 황해도 안악의 변숭복, 해주의 지함두, 운봉의 승려 의연 등의 세력을 끌어들이기도 했다.

하지만 이 같은 모습은 주변의 의혹을 샀다. 급기야 송익필이라는 사람에 의해 정여립이 반역을 도모하고 있다는 소문이 나돌았다. 이런 가운데 안악군수 이축, 재령군수 박충간 등이 연명해 황해도 관찰사 한준에게 보고서를 올렸다. 보고서엔 정여립 세력이 한강이 얼 때를 틈타 한양으로 진격해 권력을 장악하려 한다는 내용이 담겨 있었다. 보고서를 받은 한준은 즉시 왕에게 이를 고변했다. 화들짝 놀란 선조는 전라도로 관군을 보내 정여립을 비롯한 관련자들을 체포하고 집을 수색하라고 지시했다. 일방적인 고변이었던 만큼 동인 등 주변 관료들의 의견을 들어보거나 안핵사 등을 보내 정여립의 동태를 파악하는 노력을 할 수도 있었지만, 일찍이 선조는 정여립의 모반을 기정사실로 받아들여 다짜고짜 군대부터 보낸 것이다. 이때 정여립은 아들 정옥남과 함께 죽도로 피신했다. 그러나 급파된 관군에게 포위됐고, 정여립은 스스로 목숨을 끊었다. 관군에 의해 피살됐다는 설도 있다. 핵심 관련자가 항변하지 않고 자살해 버렸으며, 그의 아들 및 측근들이 혹독한 고문 끝에 역모를 공모했다는 것을 인정하자 고변은 사실로 굳어졌다. 비로소 조선사 최대의 옥사가 그 서막을 열었다.

한편 정여립이란 인물과 그의 모반 사건 진실과 관련, 과거와 현재 평가의 괴리가 존재한다. 정여립은 조선시대 내내 반

역자의 대명사로 여겨졌다. 하지만 최근에는 그가 '시대를 앞
서간 개혁가'였다는 평가가 많다. 본인이 명문가 출신이었지
만, 신분제 및 계급의식을 지양했다. 이에 따라 그가 조직한 대
동계에는 양반뿐만 아니라 평민, 노비들까지 거리낌 없이 참여
해 주도적 역할을 할 수 있었다. 또한 유교국가 조선에서 배척
받았던 불교의 승려들에게도 대동계의 문을 활짝 열어줬다. 더
나아가 정여립은 '천하공물론'天下公物論을 설파했다. "천하는 공
물이니 어찌 주인이 따로 있을 수 있겠느냐"라는 주장이었다.
이는 곧 군주제를 비판하고 공화정을 지향하는 것이었다. 우리
나라에서 최초로 공화정을 주장했다는 신민회1907년보다 300년
이상 앞섰다.

최초로 정여립을 재평가한 단재 신채호는 그를 '동양의 위
인'이자 혁명성을 갖춘 사상가로 규정했다. 대표적인 재야 역
사학인 이이화는 정여립을 "변혁 사상가이자 행동가로, 결코
파당의 인물이 아니고 허균, 정약용, 전봉준의 앞선 시대에 일
어났던 선구자로 자리매김돼야 한다"라고 평가했다. 아울러 정
여립 모반 사건의 경우 당시에는 정여립이 이 씨 왕조가 정 씨
왕조로 바뀐다는 '정감록'을 바탕으로 일으킨 민중반란이었다
는 평가가 많았다. 그러나 최근에는 선조의 괴팍한 성격과 정
철 등 서인에 의해 교묘하게 조작돼 발생한 사건이었다는 평가

가 많이 나오고 있다.

기축옥사

당초 정여립 모반 사건은 기축옥사로까진 나아가지 않을 것처럼 보였다. 역모에 대한 초기 수사는 이산해 등 동인의 주도 하에 진행됐다. 이들은 정여립과 같은 당파였던 만큼 수사를 확대하려 하지 않았다. 정여립과 몇몇 측근들에 한정해 역모죄를 적용했고, 얼마 지나지 않아 사건 수사를 종결시켰다. 뒤이어 국가적 차원에서 이를 표징標徵 하기 위해 종묘에 아뢰고 사면령을 반포하는 의식까지 치렀다. 하지만 선조와 서인은 그냥 넘어가지 않았다. 선조는 정여립과 한편인 동인의 수사가 한계가 있을 것이라고 봤다. 서인은 정여립이 특유의 친화력으로 많은 동인 인사들과 관계를 맺었기 때문에, 동인 내에서 역모의 내응자가 상당할 것이라고 추정했다. 특히 서인 내 강경파는 이 기회에 동인 전체를 '역당'逆黨으로 몰아 척결하려고 했다. 동인의 수사 종결 직후 선조는 정여립 모반 사건과 관련해 의견을 널리 구한다는 '구언'求言의 하교를 내렸다. 사실상 재수사 선언이었다.

왕의 하교가 내려오자 서인은 물론 지방의 유생들에게서 다양한 상소가 올라왔다. 특히 호남 출신 성균관 생원 양천회의 상소가 결정적이었다. 그는 동인의 수사가 완전히 잘못됐고, 이발, 정언신, 백유양 등이 역적 정여립과 친밀하게 교류했다고 밝혔다. 양천회가 거명한 사람들은 모두 동인이었다. 그러자 선조는 송강 정철, 성혼, 최황, 백유함 등 서인의 핵심 인사들을 조정에 불러들여 동인에 대한 수사를 맡겼다. 이 가운데 좌의정 정철이 '특별검사'로써 수사를 총지휘했다. 선조는 평소에 "정철이 호랑이와 독수리의 절개를 가졌다"라며 총애했다. 정철은 잘 알려진 대로 가사문학의 대가였다. 관동별곡, 사미인곡, 속미인곡 등 유명한 작품들을 많이 남겼다. 그런 그가 '동인 백정'이라는 소리를 들을 정도로 가혹하게 옥사를 일으킨다. 물론 그 뒤에는 선조가 있었지만. 집권당이었던 동인은 일순간 빠져나오기 힘든 덫에 걸려들었다.

이 당시 숙청된 대부분의 동인 인사들을 보면, 정여립과의 공모 여부가 명확히 밝혀진 것도 아니었다. 그저 정여립과 차를 마셨거나 학문적으로 토론하고 편지를 주고받았다는 이유만으로 무차별적으로 숙청됐다. 보통 처형 전에 형을 확정 짓기 위한 절차 및 문서인 '결안'結案이 만들어지는데, 기축옥사 당시엔 대부분의 처형이 결안도 무시된 채 이뤄졌다. 기축옥사 한 달 동안에만 이발, 정언신, 정언지, 백유양, 홍종록, 이길, 송언신, 선홍복 등 수많은 동인 인사들이 죽임을 당하거나 유배를 떠났다. 특히 동인의

숙청의 역사

최고 인사인 이발이 가장 큰 피해를 입었다. 그는 원래 서인에 있다가 동인으로 돌아선 것 때문에, 더욱 서인 수사의 표적이 됐다. 이발은 처음에는 원지로 유배 보내졌다. 하지만 국문을 받던 교생 선홍복의 입에서 이발이라는 이름이 거명되자 그는 다시 끌려와 국문을 받았고 그 과정에서 세상을 떠났다. 이발 본인뿐만 아니라 그의 노모와 어린 아들도 불행한 결말을 맞았다. 수사 지휘자인 정철은 노모와 어린 아들에 대한 추궁과 고문은 삼가길 원했지만, 선조가 끝까지 고집을 부렸다. 그는 이발의 가문이 장차 세도정치를 할 가문이라는 망상에 사로잡혔던 것으로 전해진다. 결국 노모와 어린 아들에 대한 혹독한 고문이 이어졌다. 어린 아들은 사금파리를 깔아 놓은 자리에 무릎을 꿇게 하고 그 위에 압슬기나 무거운 돌을 얹는 '압슬형'을 받아 죽었고, 노모는 곤장을 맞고 세상을 떠났다.

정언신의 경우 당초 정여립 모반 사건 등을 수사하는 사람으로 뽑혔지만, 정철이 "정언신은 정여립과 인척 지간이므로 안 된다"라고 간청해 수사 책임자가 정철로 바뀌었다. 이에 대해 정언신은 정여립의 충성심이 높은데 서인들이 모함하니 이들을 다 죽여야 마땅하다고 했다. 그러나 정여립이 역적으로 확정되자 꼬리를 내렸고, 엎친데 덮친 격으로 정여립과 주고받은 편지들이 다수 발견되면서 사형을 선고받았다. 이후에도 옥사의 광풍은 꼬리에 꼬리를 물고 이어지며 수많은 사람들을 죽음으로 몰아넣었다. 조식의 수제자로 향촌 사회에서 명망이 높았던 최영경도 옥사에 연루돼 죽임을 당한 대표적인 사례다. 그는 일찍이 서인의 거두들이 모두 소인이니 죽여야 한다는 과격한 주장을 일삼아 서인들에게 찍혀 있었다. 이런 가운데 정여립이 연회를 열어 최영경을 극진히 대접했다는 진술이 나오면서 궁지에 몰렸다. 최영경과 정여립 사이에 오고 간 한 통의 편지도 발견됐다. 그런데 가장 결정적인 혐의는 '길삼봉'이었다. 길삼봉은 정여립에게 가담해 고부·태인·남원 등지에서 관군을 괴롭혔지만, 끝내 잡히지 않아 가공의 인물이라는 소문이 나돌았던 대상이다. 최영경은 석연치 않게 길삼봉이라는 누명을 쓰고 죽임을 당했다. 당시 정철 등은 최영경을 죽이지는 말자고 청했지만, 선조가 또 고집을 부려 죽였다. 이는 평소에 선조가 최영경의 시국관을 달갑게 보지 않기 때문으로 추정된다.

호남 출신의 유학자로 독자적인 학문 세계를 구축한 정개청은 정여립의 집터를 봐줬다는 이유로 체포돼 국문을 받고 죽었다. 정철은 정개청을 유독 증오했다. 그는 "개청은 반역하지 않은 여립이요, 여립은 반역한 개청이다"라고 말할 정도였다. 정개청이 원래 서인 영수인 박순의 밑에 있다가 추후에 동

인으로 변절했다는 것이 증오의 이유로 알려졌다. 야사에는 과거 정
철이 정개청에게 "술 마시고 노는 사람"이라는 조롱을 들은 것에 앙심을 품었다고 나와있
다. 그러나 정개청은 명확한 당색이 없이 주로 학문에 매진했고,
변절 혐의는 추후 서인들이 억지로 엮은 측면이 있다는 분석도
나온다. 기축옥사로 인한 엉뚱한 죽음도 있었다. 당시 형조좌
랑으로서 추국관의 역할을 담당하고 있던 김빙은 원래 눈병인
'안질'이 있었다. 그런데 선조의 명으로 다른 신하들과 함께 정
여립의 사지를 찢는 것을 참관하던 중 추운 바람이 눈에 들어와
눈물을 흘리게 됐다. 이를 목격한 김빙과 적대관계에 있었던 백유함이
선조에게 달려가 "김빙이 정여립의 죽음을 슬퍼해 현장에서 눈
물을 흘렸다"라고 무고했다. 이에 김빙도 억울한 누명을 쓰고
죽임을 당했다.

조정은 물론 지방 향촌사회에까지 옥사의 마수가 널리 뻗
쳤다. 그만큼 정여립의 영향력이 광범위했던 것일 수도 있지
만, 옥사 자체가 과도하게 진행됐던 측면이 컸다. 그 결과 당
시 형장의 이슬로 사라진 조선의 선비들은 무려 1000여 명이었
다. 역대 숙청 규모 중 가장 컸다. 특히 정여립의 고향인 호남의 선비들
이 대동계에 가담했다는 이유로 대거 숙청됐다. 이에 따라 당
시 호남에선 "글 읽는 소리가 끊겼다"라는 말이 나올 정도였다.
이후 중앙정계로 나아가는 호남 선비들은 확연히 줄어들었고,

대신 풍류를 즐기고 음식을 찾아다니는 문화가 발달했다. 역사 학계 일각에선 당시 기축옥사의 여파로 전라도가 반역의 고을로 낙인찍혀 해당 지역 인사의 등용이 억제되는 폐단이 나타났다는 평가가 나온다. 또한 기축옥사로 수많은 인재들이 사라지면서, 임진왜란 때 제대로 된 대처를 하지 못하게 됐다는 분석도 제기된다.

이후의 정국

기축옥사를 계기로 동인은 완전히 무너진 것처럼 보였다. 너무나 큰 피해를 입었기 때문에 다시금 집권당이 되는 것은 불가능한 일로 여겨졌다. 그런데 예상치 못한 지점에서 반전이 일어난다. 서인의 헛발질로 재기 및 반격을 할 수 있게 된 것이다. 서인은 '세자 책봉' 문제에서 선조의 미움을 샀다. 당시 선조에겐 왕비의 소생인 '원자'가 없고 후궁 소생의 왕자들만이 있었다. 그래서 선뜻 왕세자를 책봉하지 못하고 차일피일 미뤘다. 이런 가운데 정철이 우의정 유성룡, 대사헌 이해수 등과 상의한 후 선조에게 왕의 자리를 계승할 왕세자를 정하는 '건저'建 儲 주청을 하기로 했다. 정철은 공빈 김 씨의 소생인 광해군을 선호했다.

이때 정철은 영의정이었던 이산해에게도 상의하려 했으

나 두 번이나 무산됐다. 이산해가 일부러 약속을 어겼기 때문이다. 동인이었던 그는 정철과 완전히 상반된 생각을 갖고 있었고, 선조가 총애하는 후궁인 인빈 김 씨의 오빠 김공량과 함께 정철을 함정에 빠뜨릴 모종의 음모를 꾸미고 있었다. 그들은 선조가 광해군보단 인빈 김 씨의 소생인 신성군을 염두에 두고 있는 것을 적극 이용하기로 했다. 일단 인빈 김 씨를 찾아가 "정철이 장차 광해군을 목적으로 하는 건저를 주청 할 것이고, 이후 김 씨와 신성군을 죽이려 할 것"이라고 무고했다. 인빈 김 씨는 곧장 선조에게 달려가 이산해가 말한 내용을 울면서 고했다. 선조는 대로했다.

이런 사실을 전혀 모르고 있던 정철은 왕이 참석한 경연에서 버젓이 건저 문제를 언급했다. 자연스레 광해군을 세자로 책봉해야 한다고 주청 했다. 그러자 선조는 인빈 김 씨의 무고에 기반해 정철을 크게 책망했다. 왕의 반응을 전혀 예상 못한 정철은 당황했다. 그 자리에 함께 있던 유성룡, 이산해 등은 아무 말도 하지 않고 침묵했다. 선조는 비단 건저만을 문제 삼지 않았다. 지난 기축옥사 때 정철이 무고한 사람들을 많이 죽였다며 "독하고 간사한 사람"이라고 비판했다. 무차별적인 동인 숙청으로 권력의 정점에 있던 것처럼 보였던 정철이 일순간 나락으로 떨어지고 있었다. 결국 1591년, 정철은 삭탈 관직되면서 평안도로 유배를 떠났다.

조정의 공수도 바뀌었다. 동인이 공세에 나섰고, 서인은 수세에 몰렸다. 기축옥사 때 크게 당했던 동인이 건저 문제를 빌미로 삼아 대대적인 복수를 할 것처럼 보였다. 이때 선조도 정여립 모반 사건 이후 비대해진 서인을 제어해야겠다는 생각을 갖고 있었다. 그런데 동인 내부에서 서인에 대한 처리를 놓고 상당한 온도차가 발생했다. 확실히 복수해야 한다는 강경파와 적당히 하고 공존의 길을 찾아봐야 한다는 온건파가 있었다. 두 파는 결국 북인과 남인으로 나뉜다. 북인의 대표 인물은 정철 제거를 주도한 이산해 등이었고, 남인의 대표 인물은 정철과 개인적으로 친했던 유성룡, 우성전 등이었다.

선조는 북인의 손을 들어줬다. 이어 그들과 함께 서인을 강력히 탄압했다. 핵심이었던 성혼, 윤두수, 윤근수, 이해수, 홍성민, 황정욱, 유공진 등을 비롯해 수많은 서인이 유배형에 처해졌다. 서인은 완전히 뒷전으로 밀려났고, 조정은 북인과 남인이 경쟁구도를 형성했다. 두 세력의 희비는 임진왜란 이후 엇갈린다. 남인의 영수인 유성룡이 일본과 화의를 주장해 나라를 그르쳤다는 '주화오국'主和誤國의 이유로 탄핵을 받고 실각했다. 이에 따라 남인은 몰락했고, 정인홍을 중심으로 한 북인이 정국 주도권을 장악했다.

　이 즈음 선조는 마지못해 광해군을 세자로 책봉해 놓은 상태였다. 마음에 들진 않았지만, 광해군이 상당히 영특했던 것은 부정할 수 없는 사실이었다. 하지만 선조는 광해군을 항상 미심쩍어했고, 신하들 사이에서도 언제든 관련 대립이 격화될 수 있었다. 당시 선조의 정비였던 인목왕후에게서 영창대군이 출생한 상태였다. 급기야 선조 말년에 후사 문제가 다시 대두했다. 북인 내부에선 이를 놓고 대북과 소북으로 갈라진다. 대북파의 경우 광해군을 지지했고, 소북파는 영창대군을 지지했다. 대북파의 핵심은 정인홍, 소북파의 핵심은 유영경이었다. 이때 선조는 은밀히 소북파를 불러 광해군을 폐위하고 영창대군을 세자로 책봉할 것을 논의했다. 이를 눈치챈 대북파가 선조에게 나아가 세자를 바꿔서는 안 된다고 강하게 주청 했다. 선조는 "무근無根한 소리를 퍼뜨린다"는 이유로 이들을 유배 보낼 것을 명했다. 광해군이 곧 세자 자리에서 밀려나고, 영창대군과 소북파의 세상이 될 것처럼 보였다.

　그런데 또다시 반전이 일어났다. 1608년, 선조가 갑자기 세상을 떠난 것이다. 아직 세자 자리를 지키고 있던 광해군이 극적으로 왕위에 올랐고, 대북파가 권력을 장악했다. 광해군과 대북파는 국내외 정치에서 상당한 성과도 올렸지만, 정권 수호를 위해 무리수를 두기도 했다. 대표적인 것이 '폐모살제'廢母殺弟이다. 이는 광해군에게도 어머니가 되는 인목왕후를 폐위하고, 동생인 영창대군을 불에 태워 죽인 것이다. 무리수에는 필시 부작용이 따르기 마련이다. 과거 실책을 범해 뒷전으로 밀려났던 서인이 능양군^{훗날 인조}과 손을 잡고 '반정'反正을 일으켰다. 이것이 성공하면서 광해군과 대북파는 몰락했고, 인조와 서인이 전면에 등장했다. 이후 서인은 숙종 때 '환국'換局을 당하기 전까지 집권 여당으로 자리매김한다.

09

숙종의 '환국'

살육에 기반한 극단적 정권교체

정통성 끝판왕의 냉혹한 정치력, 환국 전말

王大宗肅

조선 제19대 왕 숙종.

"인현왕후가 출궁 당한 희빈 장 씨를 불러들이자고 주청 하자 **아직 내전이 그 사 람**희빈 장 씨**을 보지 못하여 그런 말을 하는 것이다. 그 간교함이 란 이루 말할 수 없다. 주상**숙종**께서는 평소에도 희로애락의 감 정이 불길처럼 일어나시는데, 간악한 사람이 그것을 옆에서 부 채질한다면 그것은 큰 재앙**災殃**이 될 것이다."**_『숙종실록』**中

    조선 시대를 통틀어 가장 강력한 왕권을 행사했던 군왕은 누구였을까. 태종 이방원, 세조 등 몇몇 왕들이 거론될 수 있지 만, 개인적으로 조선의 제19대 왕인 '숙종'을 일 순위로 꼽고 싶 다. 이렇게 생각하는 이유는 그가 불리한 정치 환경에 있었음 에도 불구하고, 즉위 내내 자기 마음대로 정국과 신하들을 주 물렀기 때문이다. 당시 조정에선 정치적 입장이나 학맥에 따 라 신하들 사이에 '붕당'朋黨이라는 정치집단이 크게 형성돼 있 는 상태였다. 정치구도상 이런 상황에서는 아무리 군왕이어도 자의적으로 왕권을 행사하기가 쉽지 않았다. 실제로 숙종 이 전 대부분의 군왕들이 그랬다. 선조는 예외적이다. 그만큼 붕당은 왕 보단 신하들에게 유리한 구도로 여겨졌다. 하지만 숙종은 달랐 다. 그는 붕당에 아랑곳하지 않고 자의적인 왕권을 행사했으 며, 무수한 살육에 기반해 극단적으로, 그리고 빈번하게 정국 을 변화시켰다. 이것이 바로 '환국'換局이다. 참고로 세조는 되레 공신들 에게 휘둘린 측면이 있었고, 태종은 숙종만큼 불리한 정치 환경에 놓여있지 않았다.

숙종의 강력한 왕권 앞에 모든 신하들은 숨을 죽였고, 너나 할 것 없이 충성맹세를 하기 바빴다. 심지어 그는 살아있을 때 신하들에게 '존호'尊號를 받기도 했다. 숙종이 이렇게 할 수 있었던 배경에는 무엇보다 강력한 '정통성'이 존재했다. 유교 국가 조선에선 군왕들에게도 정통성에 근거한 '급'이 있었다. 기본적으로 정실이 낳은 맏아들인 '적장자' 군왕이 첫 손에 꼽혔다. 그런데 숙종은 여기에 더해 '적장자의 적장자'였다. 역대 조선의 왕 그 누구도 범접할 수 없는 정통성을 갖고 있었던 셈이다. 더욱이 숙종의 개인적인 성품, 과단성과 냉혹함은 정통성과 시너지 효과를 발휘하며 숙종의 왕권을 더욱 강화시키는 결과를 낳았다.

상술했듯 숙종 이전부터 조선 정국은 '붕당'이 심화됐다. 이는 신권이 중심이 된 구도였던 만큼 상대적으로 왕권은 미약해질 수 있는 여지가 다분했다. 이런 상황에서 숙종은 '왕권 강화'의 필요성을 절감했을 것이고, 실제로 이 같은 명분을 바탕으로 환국을 단행했다고 볼 수 있다. 숙종은 탄탄한 왕권을 통해 내정, 국방 분야 등에서 큰 업적을 남기기도 했다. 다만 선조 이후부터 어느 정도 작동했던 붕당의 기본원리, 즉 상호 견제와 균형을 완전히 무너뜨리고, 상대 당파를 죽여가면서 '일당 전제화' 정치를 고착화시켰다는 점은 숙종 치세의 부정적인 측면으로 꼽힌다. 강력한 정통성과 냉혹한 정치력을 기반으로 극단적인 정권교체를 감행하며 왕권을 강화한 숙종의 '환국' 전말을 되돌아봤다.

서인과 남인, 예송논쟁

인조반정이 일어난 이후 조정은 집권세력인 서인과 제2의 세력인 남인이 함께 가는 모양새였다. 논쟁과 대립은 있었지만 극단적으로 치닫지는 않았다. 붕당의 기본원리라고 할 수 있는 건전한 상호 견제와 비판이 약 100년 가까이 지속됐다. 이 시기에 서인과 남인의 대표적인 논쟁 사건은 2차례에 걸친 '예송논쟁'禮訟論爭이다. 이는 현종 때 인조의 계비이자 효종의 모후계비인 자의대비의 상례喪禮 문제가 도마 위에 오른 것이다.

1차 예송인 '기해 예송'己亥禮訟은 1659년에 일어났다. 효종이 세상을 떠나자 그의 모후인 자의대비의 복상 기간을 3년으로 할지 아니면 1년기년.朞年으로 할지에 대한 논란이 불거졌다. 이는 죽은 효종을 자의대비의 몇 번째 아들로 볼 수 있는지 문제로 연결된다. 종법宗法 측면에서 보면 효종은 자의대비의 둘째 아들이지만, 왕위 계승왕통 측면에서 보면 적자가 됐다. 결국 종법 또는 왕가의 의례, 어느 쪽을 우선하는지의 문제였고, 이에 따라 복을 입는 기간왕가 의례 3년. 종법 1년이 달라졌다. 당시 상례를 치를 때 왕가에선 '국조오례의'를, 일반 사대부들은 '주자가례' 사례를 따르고 있었다. 그런데 '국조오례의'에 위와 같은 사례가 존재하지 않아 혼란을 키웠다.

이때 송시열을 중심으로 한 서인들이 나서 '주자가례'를 참고 삼아 1년상을 해야 한다고 주장했다. 자의대비에게 있어 효종은 종법상으로 둘째 아들이고, 왕위 계승 측면에서 볼 때 적자이면서도 장자가 아니기 때문이란 것이 이유였다. 이는 종법 체계 내에서 이해하기 위한 것으로, 아무리 왕가의 의례라 해도 대원칙인 종법으로부터 벗어날 수 없다는 관념이었다. 나아가 왕권을 일반 사대부와 동등하게 취급하고, 신권臣權의 강화를 도모하려는 의도도 있었다. 이에 대해 남인인 윤휴, 허목, 윤선도 등이 이의를 제기했다. 효종이 비록 둘째 아들로 출생했더라도 왕위에 오르면 장자가 될 수 있기 때문에 3년상을 해야 한다고 주장했다. 이는 종법이 왕가의 의례에 변칙적으로 적용될 수 있다는 주장에 근거를 둔 것이었다. 나아가 왕권을 일반 사대부의 예와 다르게 취급하고, 왕권 강화 및 신권 약화를 꾀하려는 의도도 있었다. 고심 끝에 '경국대전'의 규정을 참고로 삼아 애매하게 마무리짓기로 했다. 경국대전엔 장자와 차자의 구분 없이 1년복을 입게 한 규정국제 기년복이 있었다. 이에 따라 기해 예송에선 서인의 주장이 받아들여졌고, 당분간 서인 정권은 유지될 수 있었다.

그로부터 15년 뒤 2차 예송논쟁인 '갑인예송'甲寅禮訟이 발생했다. 이번엔 효종의 비인 인선왕후가 세상을 떠나면서 자의대비가 어떤 상복을 입어야 할지에 대한 논란이었다. 효종을 장자로 본다면 인선왕후는 장자부이므로 자의대비는 기년복[1]년을 입어야 했다. 그러나 효종을 차자로 본다면 자의대비는 대공복9개월을 입어야 했다. 이 때도 대부분의 서인은 효종을 차자로 간주해 대공복을 주장했다. 반면 남인은 기년복을 주장했다. 갑인 예송은 서인이 우세했던 기해 예송과는 다른 상황 전개를 보였다. 김석주 등 서인 일부가 남인을 편들며 기년복을 주장했고, 결정적으로 현종이 대공 복제를 채택하려던 예조에 제동을 걸었다. 결국 남인의 주장이 받아들여지면서 송시열 등 서인은 권력에서 밀려났고, 새로이 남인 정권이 출범했다.

기실 예송은 '예'로써 나라를 다스려 이상 사회를 건설하는 데 목적을 둔 성리학의 핵심 사상이었다. 서인과 남인의 전방위적인 예송논쟁으로 성리학적 이념 논쟁이 활성화된 측면도 있지만, 예송의 본질이 훼손되고 붕당정치의 어두운 그림자가 적잖게 드리워진 측면도 있다. 그럼에도 상술했듯 이때까진 비교적 정상적인 모습의 붕당정치가 행해졌다고 볼 수 있다. 하지만 언제까지 이 같은 상황이 유지될지는 장담할 수 없었다. 이런 가운데 유약한 현종이 세상을 떠났다. 그의 뒤를 이어, 결코 범상치 않아 보이는 14세 아들 숙종이 왕위에 올랐다.

정통성 끝판왕

숙종이 비록 어린 나이에 왕이 됐지만, 수많은 신하들이 그를 함부로 대하지 못했다. 핵심적인 이유는 숙종의 강력한 '정통성' 때문이다. 정통성의 핵심은 정실이 낳은 맏아들인 '적장자'가 왕위를 잇는 것이었다. 조선엔 총 27명의 왕이 있었다. 이 가운데 적장자인 왕은 7명문종, 단종, 연산군, 인종, 현종, 숙종, 순종에 불과했다. 그런데 적장자의 적장자가 왕위를 잇는 경우도 있었다. 요즘 말로 정통성의 '끝판왕'이라고 불릴 만하다. 해당 왕은 조선의 제6대 왕인 단종, 그리고 본편의 주인공인 숙종이었다. 숙종의 아버지인 현종은 효종의 외아들이었고, 숙종은 현종의 외아들이었다. 형제들 간의 권력 투쟁이나 외척과 관련한 문제도 있을 수 없었다.

이 같은 정통성을 기반으로 숙종은 매우 빠르게 군왕의 길로 나아갔다. 그는 7세에 세자교육, 11세에 혼인을 했다. 이어 14세에 친정親政을 했다. 당시 조선의 기준15세으로 봤을 때 성인이 되기도 전이었다. 나이가 어렸고 당시 모후인 명성왕후 김 씨와 증조모인 자의대비가 살아 있었기 때문에 수렴청정垂簾聽政이 가능했지만, 숙종은 즉위하자마자 이를 건너뛰었다. 조선왕조 역사에서 매우 이례적인 경우였다. 숙종의 남다른 성격도 주목할 만한 점이다. 그는 온순했던 아버지 현종을 닮지 않았고, 괄괄했던 어머니 김 씨를 닮았다. 다혈질이었고 냉혹했다. 심지어 어머니 김 씨도 "내 배로 낳았지만, 그 성질이 아침에 다르고 점심에 다르고 저녁에 다르니, 나로서는 도저히 감당할 수가 없다"라고 토로했다. 이 같은 성격은 훗날 숙종 만의 정치를 전개하는데 고스란히 반영된다.

왕이 된 숙종은 조정의 과거와 현실을 직시했다. 그동안 신하들은 서로 갈라져 지나친 권력 투쟁을 벌여왔다. 그 결과 왕의 권위는 하락했고, 신하들의 권세는 높아졌다. 숙종은 이대로 가다간 신하들이 더욱 날뛰고 왕권은 큰 위기에 빠질 수도 있다고 우려했다. 그는 국정의 최우선 과제를 '왕권 강화'로 설정했다. 이는 자신이 주도권을 잡고 정국을 좌지우지하겠다는 다짐이었다. 강력한 정통성과 남다른 성격이 숙종의 의지를 뒷받침할 것이었다.

경신환국

숙종은 2차 예송논쟁 때 승리한 남인을 곱게 보지 않았다. 이들이 권력을 잡고 오만해진 측면이 있다고 여겼다. 나아가 왕도 함부로 대할 수 있음을 경계했다. 남인끼리 청남淸南과 탁남濁南으로 갈라져 싸우는 것에도 큰 염증을 느꼈다. 숙종은 남인을 그냥 놔두면 안 된다고 생각했다. 이들을 쳐낼 명분을 찾기 시작했고, 매의 눈으로 남인을 예의 주시했다. 이때 왕의 의중을 간파해 기민하게 움직였던 사람이 있었다. 바로 명성왕후 김 씨의 사촌동생인 김석주다. 서인이었던 그는 오래전부터 서인을 제치고 남인이 권력을 잡은 것에 큰 불만을 가졌다. 그러던 중 남인을 확실히 몰아낼 기회가 왔다고 판단해 다방면으로 정치 공작을 펼쳤다.

김석주의 표적이 된 것은 남인의 영수이자 영의정인 조정의 핵심 실세, 허적과 그의 서자 허견, 그리고 인조의 손자이자 숙종의 5촌인 남인과 가까운 복선군 등이다. 우선 김석주는 허견이 사적으로 쓴 글에서 명성왕후를 제거해야 한다는 내용이 담겨 있다는 것을 발견했다. 그는 이 글이 숙종에게 우회적으로 알려지게 만들었다. 어머니와 관련해 좋지 않은 글을 접한 숙종은 즉각 허견 등을 감시하라고 명했다. 명령을 받은 김석주는 벌군직 이입신과 어영장 박빈으로 하여금 허견, 복선군을 몰래 염탐하게 했다. 그런데 투입된 병사 한 명이 복선군의 여종과 밀착했는데, 어느 날 여종이 손가락을 앓아 왜 그런지를 물었다. 여종은 "전복군복을 하도 많이 만들어서 바늘 쥔 손가락이 상했다"라고 답했다. 이 말은 곧바로 "남인이 군복 입은 군인들을 양성하고 있다"라고 왜곡됐고 소문이 퍼졌다. 남인에 대한 숙종의 노여움과 경계심은 더욱 높아졌다.

분위기가 심상치 않게 돌아가는 가운데 남인이 숙청의 덫에 완벽히 걸려드는 결정적인 사건이 발생한다. 허적이 발단이었다. 어느 날, 허적은 조부인 허잠이 시호諡號를 받은 것을 기념하기 위해 자신의 집에서 연회를 열었다. 여기엔 수많은 남인들은 물론 일부 서인들도 참석했다. 그런데 이날 따라 비가 많이 왔다. 해당 소식을 접한 숙종은 기름 천막인 '용봉차일'龍鳳遮日을 허적의 집에 가져다주라고 명했다. 당초 이 행위의 의도가 신하를 생각하는 왕의 은덕恩德이었는지, 아니면 숙청을 하기 위한 노골적인 '건수' 잡기였는지는 확실치 않다. 도승지가 명을 받들려고 용봉차일을 찾았는데 보이지 않았다. 이미 허적이 용봉차일을 꺼내 사용하고 있었던 것이다. 이것은 주로 궁궐에서 사용하는 군수품의 일종이었기 때문에, 왕의 허락이 없으면 사용하기 어려웠다.

비록 원칙이 무시되는 행동이 벌어지긴 했지만, 이것이 엄청난 결과를 초래할 것이라고 예상할 순 없었다. 가벼운 견책 정도로 마무리될 것으로 보였다. 하지만 숙종은 기다렸다는 듯 허적의 행동이 '왕을 무시한 처사'라고 규정했다. 결코 가볍게 넘어갈 것처럼 보이지 않았다. 숙종은 허적의 연회에 참석한 사람들의 면면을 철저히 조사하라고 지시했다. 며칠 간의 조사가 이뤄진 후 숙종에게 "연회에 남인들 대부분이 참석했다"는 보고가 올라왔다. 숙종은 허적을 중심으로 남인 전체가 왕을 무시하고 저들끼리 희희낙락喜喜樂樂한다고 생각했다. 그는 이를 빌미로 남인들에 대한 1차 숙청에 나섰다. 영의정, 이조판서 등 조정의 요직에서 남인들이 대거 쫓겨나기 시작했다. 빈자리는 서인들로 채워졌다. 훈련도감, 총융청, 수어청 등 군부 요직에서도 남인들이 축출됐고, 이를 대신해 서인들이 군부 요직도 점유했다. 한때 기세등등했던 남인들은 저항 한번 해보지 못하고 밀려났다. 왕의 강력한 의지로 순식간에 정권이 교체되는 상황이 발생한 것이다. 여기서 끝이 아니었다. 뒤이어 불난 집에 기름을 붓는 험악한 사건이 터지게 된다.

이번에도 김석주가 움직였다. 그는 측근인 정원로를 통해 고변告變을 했다. 해당 내용은 허적의 서자인 허견이 복창군, 복선군, 복평군 3형제와 결탁해 역모를 꾸미고 있다는 것이었다. 이른바 '삼복의 변'三福之變이다. 구체적으로 살펴보면 허견이 복선군에게 "주상숙종께서 몸이 약하고 형제는 물론 아들도 없는데, 만일 불행한 일이 생기는 날엔 대감복선군이 왕위를 이을 후계자가 될 것이다. 이때 만일 서인들이 임성군을 추대한

다면 대감을 위해 병력을 뒷받침할 것"이라 했더니 복선군은 아무 말도 하지 않았다. 기실 역모 여부가 애매모호한 상황이었지만, 숙종은 가만히 있지 않았다. 그는 궁궐의 경비를 강화한 후 중죄인들을 신문하기 위한 임시 관아인 국청을 설치해 연루자들을 국문鞠問했다. 허견과 복선군 등에게 혹독한 고문이 가해졌다. 결국 그들은 고통을 못 이겨 자백을 하는 듯한 모습을 보였다. 역모로 굳어졌다. 허견은 즉각 처형을 당했고, 복선군과 복창군도 유배를 떠났다가 다시 잡혀와 죽임을 당했다.

숙종의 국문에선 한양을 제외한 전국 8도의 군사들을 지휘하는 기구인 '도체찰사부'가 역모에 이용됐다는 혐의를 받기도 했다. 이것 또한 남인에게 매우 불리한 요소였다. 도체찰사부 설치를 강하게 주장했던 세력은 남인이었기 때문이다. 결국 남인 전체가 쉽사리 헤어 나올 수 없는 궁지에 몰리게 된다. 이를 계기로 서인은 남인을 표적으로 삼아 매우 조직적으로 움직이기 시작했다. 그들은 마치 권력을 빼앗겼던 것에 대한 분풀이라도 하듯, 남인에 대한 적극적인 정치보복에 나선다. 우선 허견의 아버지 허적의 경우 처음엔 역모 혐의가 불분명해 관직만 삭탈되고 처형은 면하는 듯 보였다. 하지만 서인이 들고일어나 과거에 허적이 그의 아들 허견의 유부녀 겁탈 사건을 무마하는 죄를 저질렀다고 탄핵했다. 이에 따라 허적도 처형을 당했다.

또한 복창군, 복선군, 복평군 3형제 중 유일하게 남아있던 복평군도 역모죄를 뒤집어씌워 죽였다. 허적과 같은 당이라는 이유로 서인에 대한 강경파였던 윤휴도 처형했다. 이 밖에 이원정, 이태서, 이경의, 강만송, 박찬영, 강윤석, 홍유하 등 수많은 남인 거물들이 형장의 이슬로 사라졌다. 경신년인 1680년. 총 19명의 남인 거물들이 죽고 그 추종 세력이 실각한 사건, '경신환국'庚申換局, '경신대출척'庚申大黜陟이었다.

한편 서인들은 권력을 잡은 후 남인들의 처리 문제를 놓고 노론강경파과 소론온건파으로 갈라지기도 했다. 노론은 송시열, 김수흥, 남용익, 유상운 등이 있었고, 소론은 윤증, 박세채, 남구만 등이 있었다. 이들은 남인들 처리 문제뿐만 아니라 관심 분야도 달랐다. 노론은 민생과 명분을 중시했고, 소론은 북방 개척과 실용을 중시했다.

기사환국

왕실에서 후사를 두는 것은 매우 중요한 일이다. 아무리 국정을 잘 운영해도 마땅한 후계자가 없으면 훗날을 보장할 수 없었다. 숙종은 오랜 기간 후사를 두지 못했다. 왕비인 인현왕후 민 씨 사이에서 좀처럼 아들이 나오지 않았던 까닭이다. 숙종과 인현왕후의 관계도 그리 좋지 않았던 것으로 전해진다. 숙종은 첫 왕비였던 인경왕후가 일찍 사망하자 민유중의 딸인 민 씨를 계비로 맞았었다. 이런 상황에서 소의 장 씨라는 사람이 부상했다. 그녀는 일반 궁녀로 궁궐에 들어왔다가 숙종의 총애에 힘입어 일약 후궁이 됐다.

숙종과 장 씨의 통정通情은 날이 갈수록 깊어졌다. 그러다가 일이 발생하고 말았다. 1688년에 장 씨가 아들 윤훗날 제20대 왕 '경종'을 낳은 것이다. 숙종은 기쁨을 감추지 못했다. 반면 민 씨는 물론 당시 집권 세력이었던 서인들은 반감을 여과 없이 드러냈다. 서인들 중에서도 명분을 중시했던 노론이 더욱 그랬다. 핵심적인 이유는 장 씨의 출신 배경이 미천했기 때문이다. 그녀의 아버지는 역관譯官이었다. 역관은 통역 및 번역을 담당하는 관리였는데, 그 당시 최하위 말단 관리에 속했다. 이런 신분을 가진 자의 딸이 궁녀로 들어와 후궁까지 오르고 왕의 아들까지 낳았으니 민 씨와 서인들은 기가 찰 노릇이었다.

하지만 숙종은 이에 아랑곳하지 않고 한발 더 나아간 행보를 보인다. 장 씨가 출산한 지 얼마 안 된 시점에 그녀를 희빈에 봉했고, 그의 아들을 원자元子로 책봉하겠다고 선언했다. 화들짝 놀란 노론이 중심이 된 서인들은 즉각 숙종에게 달려가 원자 책봉을 뜯어말리기 시작했다. 짧은 시간에 후궁 소생을 원자에 책봉하는 것은 부당하고, 중전인 인현왕후 민 씨의 나이가 어리니 좀 더 지켜봐야 한다는 것이었다. 이때 서인들은 왕의 아들을 낳은 장 씨에게 하례 인사조차 하지 않았다. 숙종은 잠시 숙고를 하는 듯한 모습을 보였다.

이런 가운데 엄한 데서 숙종의 결심을 굳히는 사건이 발생한다. 어느 날, 장 씨의 어머니가 출산한 딸을 간호하기 위해 '옥교'玉轎라는 가마를 타고 궁궐로 들어가려고 했다. 그러나 궁궐에 있던 사헌부의 관리들이 예법에 맞지 않는다며 장 씨의 어머니를 끌어내리고 하인들을 제압했다. 당시 옥교는 3품 이상 관직을 가진 문관들의 어머니, 아내, 딸, 며느리들만이 탈 수 있었다. 상술했듯 장 씨의 아버지가 천한 역관이었고, 그의 어머니는 역관의 아내였기 때문에 옥교를 탈 수 없었다. 기실 숙종이 장 씨의 어머니에게 특별대우 차원에서 옥교를 허락했지만, 이를 인지하지 못한 사헌부의 관리들이 예법을 이유로 이같은 행동을 한 것이다. 숙종은 대로했다. 당장 사헌부 관리들을 참형에 처하라고 명했다. 이때 서인들은 또다시 들고일어났다. 예법에 맞게 소임을 다 한 것이니 참형은 과하다고 주장했다. 반발이 생각보다 격렬해 숙종은 일단 서인들의 주장을 수용했다. 하지만 그는 이 사건을 계기로 원자 책봉을 마음먹게 된다.

얼마 후 숙종은 역대 군왕들의 위패를 모시고 토신과 곡신을 제사하던 제단인 '종묘사직'宗廟社稷에 갔다. 그는 여기서 원자의 명호名號를 결정하고 장 씨를 희빈으로 높였다. 국가의 형세가 외롭고 위태로우며 주변에 강한 나라가 있어, 더 이상 종사宗社의 대계를 늦출 수 없다고 첨언했다. 이로써 장 씨는 후궁 서열 1위인 '장희빈'이 됐고, 그의 아들은 숙종의 후계자의 길로 들어섰다. 서인들의 반발 움직임은 이번에도 나타났지만, 숙종은 완고했다. 반발을 계속하면 모두 쫓아낼 것이라고 경고했다. 왕의 확고한 의중 때문에 서인들은 잠시 움츠러드는 듯했다.

이때 전면에 나선 사람이 있었으니, 노론의 영수인 우암 송시열이었다. 그는 이조판서, 좌의정 등을 역임한 문신이자 대학자였다. 효종 재위 시 왕의 절대적인 신임 속에 북벌 계획의 중심인물로 활약했다. 현종 즉위 후엔 벼슬을 버리고 주자의 교의를 신봉·실천하는 데 전념해 거대한 사상체계를 완성했다. 당시 사림의 여론은 송시열에 의해 좌우될 정도로 절대적인 영향력을 행사하고 있었다. 더욱이 우리나라 학자 중 '자'자를 붙인 유일한 인물로, 역사상 가장 방대한 문집인 '송자대전'을 남기기도 했다. 가히 왕도 함부로 대하지 못할 위치에 있었다. 송시열은 숙종 앞에 나아가 한 고사故事를 들려줬다. 그는 "과거 송나라 신종이 28세에 철종을 얻었으나 후궁의 소생이어서 일단 번왕藩王으로 책봉했다. 훗날 적자가 없이 죽게 되자 태자로 책봉해 뒤를 잇게 했다"라고 말했다. 요약하면 아직은 원자 책봉 시기가 아니니 뒤로 미루라는 말이었다.

천하의 송시열 조언에 숙종이 물러섰을까. 결코 아니었다. 평소 송시열을 탐탁지 않게 봤던 숙종은 폭발했다. 아무리 정계 및 학계의 거물이라지만, 감히 신하가 왕을 가르치고 명령하고 있다고 간주했다. 숙종은 이를 계기로 송시열은 물론 서인들까지 모조리 숙청하고 크게 물갈이를 해야겠다고 결심했다. 여느 왕이었으면 서인들을 의식해 생각에서 끝날 일을 숙종은 실제로 실행에 옮겼다. 그는 우선 송시열을 외지로 출송시켰고, 영의정 김수홍 등 서인 거물들을 대거 파직했다. 이어 그 자리에 경신환국 때 쫓겨났던 남인들을 다시 불러들였다. 재 등용된 남인들은 숙종의 의중을 정확히 간파하고 있었다. 그들은 장희빈과 원자를 적극적으로 옹호했다. 아울러 경신환국 때 당한 피해가 어제 일처럼 생생했던 만큼, 서인들에 대한 복수심도 상당했다. 이에 따라 숙종과 밀착해 대대적으로 서인들을 공격했고, 그 결과 김수홍, 김수항, 이이명, 김만중 등 수많은 서인 거물들이 죽거나 유배를 떠나게 됐다. 가장 충격적인 것은 거물 송시열의 죽음이었다. 외지로 출송됐던 송시열은 왕의 명으로 다시 한양으로 압송됐다. 그런데 이때 무려 500명이나 되는 유생들이 그를 보좌했다. 거물답게 송시열의 위세는 대단했고, 그와 서인들은 이를 통해 숙종을 압박할 요량이었다. 그러나 이는 자존심이 강한 숙종을 더욱 자극할 뿐이었다. 그는 조금의 망설임도 없이 송시열을 '국문도 하지 말고' 사사하라고 명했다. 한 시대를 주름잡았던 정계의 거물이자 대학자가 비참한 최후를 맞았다. 자신들의 정신적 지주가 죽자 서인들의 기세는 크게 꺾였다. 이때 조정에 있는 서인 신료들만 숙청된 것이 아니었다. 인현왕후의 추천으로 후궁으로 들어온 귀인 김 씨도 폐출됐다.

숙청이 극에 달하는 가운데 내명부의 큰 어른으로서 존재했던 증조모 장렬왕후가 사망했다. 숙종은 국상國喪 기간인 만큼 궁궐 내에서 잔치를 열지 말라고 명했다. 그런데 인현왕후가 문제를 일으켰다. 국모의 권위를 세우겠다며 본인의 생일잔치를 연 것이다. 이는 장희빈을 총애하고 원자를 책봉한 숙종에 대한 거센 반감에서 비롯됐다. 숙종은 인현왕후를 찾아가 크게 꾸짖었다. 그녀 역시 물러서지 않았고, "내 죄가 그렇게 크다고 생각한다면 당장 폐출시켜라"라고 소리쳤다. 화를 참지 못한 인현왕후가 끝내 해서는 안 될 말을 한 것이다. 숙종은 가만히 있지 않았다. 신하들을 불러 모은 후 인현왕후를 폐비하고 중전으로 삼을 만한 다른 여인을 알아보라고 명했다.

앞서 크게 화를 당했던 서인들이었지만, 이번에도 사력을 다해 인현왕후 폐비를 저지하려고 했다. 특히 오두인, 박태보, 이세화 등 86명의 서인 노론들이 숙종에게 반대 상소를 올렸다. 하지만 숙종은 이들의 상소를 철저히 외면했고, 자신의 뜻을 관철하려고 했다. 이때 남인들은 왕의 노여움을 활용해 또 한 번 서인에 대한 복수를 결심했다. 즉각 숙종에게 나아가 왕의 뜻을 계속 거스르는 서인들을 강하게 처벌하라고 주청 했다. 결국 인현왕후 폐비를 반대한 오두인 등 주요 서인 노론들이 국문을 받은 후 유배를 떠나거나 죽임을 당했다. 인현왕후도 폐비됐고, 새로이 장희빈이 중전에 올라섰다. 기사년인 1689년. 총 18명의 서인 거물들이 죽고 그 추종 세력이 실각한 사건, '기사환국'己巳換局이었다.

갑술환국, 그 이후

큰 숙청이 있었고 인현왕후가 폐비된 후 한동안 시일이 지났음에도 일부 서인들은 여전히 반감을 감추지 못했다. 이들에겐 목숨보다 명분과 신념이 더 중요한 가치였다. 급기야 1694년에 서인 노론인 김춘택과 소론인 한중혁이 나서서 인현왕후 복위 운동을 전개했다. 실권을 쥐고 있던 남인들은 이를 빌미로 재차 서인들을 숙청하려고 했다. 서인 함이완이 남인 민암에게 복위 운동을 밀고했고, 민암은 복위 운동을 주도한 서인 수십 명을 체포해 국문했다. 당연히 숙종에게도 복위 운동을 고변했다. 남인들은 당연히 왕이 강력한 국문을 지시할 것이라고 생각했다. 그런데 이상하게도 숙종의 태도가 이전과 달랐다. 그는 되레 남인들을 책망했다.

숙종의 갑작스러운 태도 변화의 원인이 무엇인지는 정확히 밝혀진 바가 없다. 기록이 불분명하기 때문이다. 다만 다양한 가설이 존재한다. 우선 왕비 장 씨와 인현왕후 민 씨가 거론된다. 숙종은 왕비 장 씨가 날이 갈수록 '오만방자'해지고 있다고 생각했고, 점차 총애를 거두기 시작했다. 그러면서 폐비된 인현왕후를 그리워한 것으로 전해진다. 그녀에게 너무 과한 행동을 했다며 후회하기도 했단다. 또한 이때 숙종이 가까이했던 여인이 있었으니, 훗날 조선의 제21대 왕이 되는 '영조'의 생모, 무수리 출신 숙빈 최 씨였다. 서인들은 자신들에게 호감을 갖고 있는 숙빈 최 씨를 통해 숙종에게 남인들의 잘못된 점을 빈번히 고했다. 결국 사적인 감정들이 폭발해 숙종의 태도 변화가 나타났다는 주장이 제기된다. 다른 한편에선 이것들과 무관하게 숙종이 왕권 강화의 차원에서 집권당을 물갈이하기 위해 변화된 태도를 보였다는 주장도 나온다.

이유여하를 막론하고 집권여당인 남인들이 다시 정계에서 축출됐고, 야당으로 밀려났던 서인 소론들에게 재기의 길이 열렸다. 인현왕후 복위 운동을 고변했던 민암, 함이완을 비롯해 이의징, 강만태, 이시도, 민장도, 조사기, 노이익, 성호빈 등 주요 남인들이 사사됐다. 왕비 장 씨의 친오빠인 장희재를 비롯해 권대운, 목내선, 김덕원, 민종도, 이현일 등은 유배를 떠났다. 반면 박구만, 박세채, 윤지완 등 주요 서인 소론들은 조정의 요직을 꿰찼다. 기사환국 때 숙청됐던 서인들송시열, 김수흥, 김수항, 민정중 등도 복관復官됐다. 갑술년인 1694년. 총 14명의 남인 거물들이 죽고 그 추종 세력이 실각한 사건, '갑술환국'甲戌換局, '갑술경화'甲戌更化였다.

한편 왕비 장 씨와 인현왕후의 운명도 다시금 엇갈렸다. 숙종은 폐비된 후 감고당에서 머물고 있던 인현왕후를 복위시켰다. 1694년 인현왕후의 왕비 책봉식이 거행됐다. 이로써 인현왕후는 왕비의 자리에 두 번이나 오른 인물이 됐다. 반면 왕비 장 씨는 희빈으로 강등됐고, 최후도 비극적이었다. 1701년 인현왕후가 죽었을 때 숙종은 취선당에서 행한 장희빈의 저주가 인현왕후의 죽음에 영향을 미쳤다고 판단했다. 이와 관련해 숙빈 최 씨의 고변이 있었다. 실록에 따르면 "숙빈 최 씨가 인현왕후가 베풀었던 은혜를 추모하고 통곡하는 마음을 이기지 못해 왕에게 장희빈의 악행을 고했다"라고 전해진다. 이에 따라 숙종은 장희빈에게 사약을 내렸다. '무고의 옥'巫蠱一獄이었다. 공교롭게도 숙종 시대를 대표하는 두 여인은 같은 해에 생을 마감했다.

　'무고의 옥'으로 장희빈뿐만 아니라 남인 잔존 세력들 모두 숙청됐다. 그런데 이 사건으로 갑술환국 때 정권을 잡았던 서인 소론들도 타격을 받게 된다. 소론들은 장희빈의 아들인 세자를 생각해 그녀에 대한 선처를 주장했다. 반면 서인 노론들은 강경했다. 이미 장희빈에 대한 일말의 정도 남아있지 않던 숙종은 소론들의 주장을 완전히 배격, 탄압했다. 결국 장희빈 사사와 함께 남구만과 유상운 등 주요 소론들이 처벌을 받음에 따라, 소론의 영향력은 다소 약화됐고 노론은 유리한 고지에 올라서게 된다. 다만 이때 소론 처벌은 제한적으로 이뤄져 노론, 소론 간 세력 균형이 어느 정도 나타나는 모습을 보였다. 하지만 1705년에 발생한 임부와 이잠의 옥사는 세력 균형을 완전히 깨부수고 특정 당파에 힘이 쏠리게 만들었다. 소론의 영향력은 크게 약화됐고, 노론은 이른바 '1당 독재' 수준의 막강한 영향력을 거머쥐게 된다. 1716년 병신년丙申年에 발생한 '병신처분'은 이 같은 모습을 더욱 고착화시켰다. 병신처분은 1681년 노론 송시열과 소론 윤증 간 사사로운 시비가 당파 간 정치적 분쟁으로 비화한 사건회니시비에 숙종이 개입해 노론의 손을 들어준 것을 말한다.

숙종은 말년에 이르러 세자를 교체하려는 생각도 가졌다. 자신이 사사한 장희빈의 아들인 경종이 왕위에 오르면, 앞선 연산군처럼 조정에 피바람을 몰고 올 수도 있다는 우려가 커졌다. 새로운 세자로 염두에 뒀던 인물은 숙빈 최 씨의 소생인 연잉군훗날 영조이었다. 숙종은 노론의 핵심인 이이명과 독대했다. 장희빈 사사에 찬동한 노론들은 자연스레 아들 경종도 반대했다. 이들은 머리를 맞대고 '폐세자'를 시킬 방법론에 대해 논의했다. 그 결과 숙종은 일단 세자에게 '대리청정'代理聽政을 맡긴 후 실책에 대한 꼬투리를 잡아 폐세자를 시키기로 마음을 먹었다. 그러나 이 계획은 실패했다. 숙종과 노론들의 의도를 눈치챈 경종은 극도로 조심했고, 별다른 실책을 범하지 않았다. 더욱이 숙종은 말년에 폐세자를 단행하는 것에 대한 정치적 부담감도 갖고 있었다. 결국 오랜 집권 기간 동안 의도한 정치적 목적들을 대부분 달성했던 숙종은 마지막 목적은 달성하지 못한 채 1720년 6월 60세의 나이로 세상을 떠났다.

경종은 우여곡절 끝에 왕위에 오르긴 했지만, 앞날이 매우 어두웠다. 사사된 장희빈의 소생이라는 점과 숙종이 막판에 폐세자를 시도했다는 점은, 다수당인 노론에게 경종을 왕으로 인정하지 못하게 만드는 빌미를 제공했다. 아버지 숙종은 자신이 세자로 택한 아들을 죽을 때까지 힘들게 만든 셈이었다. 기형적인 구조는 끝내 부작용을 초래하고 말았다. 숙종 시대와 다를 바 없이 경종 시대에도 당파 간 피바람인 '신임옥사'가 발생해 많은 이들이 목숨을 잃었다. 경종이 몸이 허약하고 후사가 없음에 따라 노론이 연잉군을 왕세제로 책봉할 것을 주장했다. 김창집, 이이명, 이건명, 조태채 등 노론 4 대신들은 연잉군의 대리청정까지 주장했다. 경종은 고심 끝에 이를 수용했다. 그런데 경종과 친밀했던 조태구, 유봉휘 등 소론들이 들고일어나 대리청정의 부당성을 거듭 상소했다. 여기에 힘을 얻은 경종은 대리청정을 취소했다. 이후 소론들은 대리청정을 '불충'으로 규정했고, 노론들을 대거 탄핵하기 시작했다. 더욱이 경종 시해 음모가 있었다는 목호룡의 고변사건이 터지면서, 경종은 대리청정을 주장했던 노론 4 대신들을 차례로 처형했다. 이에 따라 노론이 몰락하고 경종과 소론이 정국의 주도권을 쥐는 듯했다. 하지만 그것도 잠시 뿐이었다. 경종이 석연치 않은 이유로 죽음을 맞이함에 따라 연잉군이 왕위에 올랐고 다시금 노론의 1당 독재 시대가 열리게 된다.

10

김영삼의 '하나회 숙청'

정치군인들을 일거에 척결하다

신군부 쿠데타 주도한 하나회 전격숙청 전말

김영삼과 하나회 소속 장성들.

"임무에 충실한 군인이 조국으로부터 받는 찬사는 그 어떤 훈장보다도 값진 것입니다. 그러나 올바른 길을 걸어온 대다수 군인에게 당연히 돌아가야 할 영예가 상처를 입었던 불행한 시절이 있었습니다. 나는 이 잘못된 것을 다시 제자리에 돌려놓아야 한다고 믿습니다. 나는 오늘 이 자리에서 국군의 명예와 영광을 되찾아 주는 일에 앞장설 것을 여러분에게 다짐합니다."_육사 49기 졸업 · 임관식 연설 中

지난 2021년, 미얀마구 버마에서 군부 쿠데타가 일어났다. 미얀마의 국민영웅 아웅산 장군의 딸이자 오랜 기간 민주화 투사로 활동했던 '아웅산 수치' 여사를 비롯해 많은 정부 인사들이 구금됐고, 대신 미얀마 총사령관인 민 아웅 흘라잉 장군 등 군부가 권력을 장악했다. 시대착오적인 군부 쿠데타에 대한 국제사회의 비판과 제재가 잇따랐지만, 군부와 확실히 결별하지 못하고 어정쩡한 타협을 한 아웅산 수치 정부가 결국 화를 자초했다는 평가가 나왔다.

현대 사회에서 '쿠데타'라는 용어는 낯설게 다가온다. 쿠데타는 국민의 의사와는 관계없이 무력 등의 비합법적인 수단을 통해 정권을 빼앗으려고 일으키는 정변을 말한다. 쿠데타의 주체는 대개 군부였다. 현재 민주주의 체제를 기반으로 하는 대부분의 선진 국가들에선, 과거처럼 군부가 정치에 개입하는 사례가 거의 없다고 봐도 무방한 상황이다. 우리나라도 선진국 못지않게 민주주의 시스템 및 의식이 정착돼 있어, 군부 쿠데타라는 것은 감히 상상도 할 수 없는 것으로 여겨진다.

하지만 미얀마 사태 등을 보면서 우리나라도 그리 멀지 않은 과거에 이와 비슷한 시대가 있었다는 것을 새삼 느끼게 된다. 박정희 · 전두환 · 노태우 정권 시절, 군부는 한국 정치의 중심에 있었고 국가의 모든 대소사를 통제했다. 군부 쿠데타라는 것도 국민들에게 낯설지 않은 용어로 존재했다. "어디서 쿵소리가 나면 '또 누가 쿠데타를 했구나'라는 생각이 가장 먼저 들었다"라는 말이 나올 정도로 엄혹한 시대였다. 이러한 시대를 뛰어넘어 지금과 같은 시대를 맞이하기까지. 과거 한 지도자의 역할이 주효했다. 바로 군부 정치를 일소하고 문민 통제를 확고히 정착시키기 위해 단행한 김영삼 전 대통령의 '하나회 숙청'이 그것이다.

당시 군부 내 사조직인 하나회를 건드린다는 것은 꿈에서조차 상상하기 어려운 일이었다. '12.12 신군부 쿠데타' 이후 하나회는 군부 내 요직을 독점하고 있었고, 마음만 먹으면 정권도 뒤엎을 수 있는 힘이 있었다. 김영삼 정권은 사실상 목숨을 내놓고 작업을 해야만 했다. 자칫 잘못하면 정권의 몰락은 물론 힘들게 달성한 민주화도 무너질 수 있었던 절체절명의 순간이었다. 여기서 국가 지도자가 의지와 신념을 갖고 용기 있게 행동하는 것이 얼마나 중요한 지가 드러난다. 김영삼은 '매우 과감하고 신속하게' 하나회를 숙청해 나갔다. 반격할 틈을 주지 않기 위해 하나회의 머리들을 단칼에 잘라버렸고, 쿠데타 가능성을 감안해 밤샘 근무를 하며 군부대의 동향을 꼼꼼히 살폈다. 일부 하나회 소속 군인들이 "고려 시대 무신정변이 왜 일어난 지 아느냐"라며 겁박할 때 그는 "개가 짖어도 기차는 달린다"라고 외치면서 집요하게 숙청을 이어갔다. 지극히 '김영삼이 아니면 할 수 없는' 방식으로 단번에 역사적 과업을 완수했다.

역사에 가정이란 있을 수 없지만, 만약 그 당시 김영삼이 하나회로 대변되는 강력한 군부와 타협해 '어색한 동거'를 했다면 어땠을까. 군부의 막강한 권세는 지속됐을 것이고, 미얀마 사태와 같은 일이 빈번하게 발생했을 가능성을 결코 배제할 수 없다. 즉 타협과 동거는 현실의 안온함을 위해 미래를 포기하는 것이었다. 그러나 올바른 미래를 위한 국가 지도자의 용기 있는 행동은 비로소 우리나라를 정치군인들의 쿠데타 위협에서 해방시켰다. 한국 현대사의 중대 분수령, 군부 쿠데타의 망령을 일거에 척결한 김영삼의 '하나회 숙청' 전말을 되돌아봤다.

하나회의 결성 및 권세

하나회는 육군사관학교 11기가 중심이 됐다. 이들은 1951년 한국전쟁 중 경상남도 진해군에 육사가 개교되면서 입학했다. 11기에는 총 228명의 생도가 있었는데, 경상도 출신이 총 71명에 달했다. 육사 10기까지 이북파가 다수였던 것과 대비된다. 11기 경상도 출신 군인들은 가입교 시절부터 같은 지역끼리 뭉쳤다. 당시 날씨가 너무 추워 모포를 확보하는 과정에서 더욱 의기투합하게 됐다고 전해진다. 이때 전두환, 노태우, 김복동, 최성택, 박병하가 하나회의 시초가 되는 '오인회'를 만들었다. 추후 오성회, 칠성회, 텐 멤버, 일심회를 거쳐 하나회로 확대 발전했다. 하나회는 '국가도, 우정도, 충성도 하나'라는 뜻이다. 여기에 가입하는 것은 쉽지 않았다. 우선 몇 년 동안 철저한 심사가 이뤄졌다. 경상도 지역, 동일한 정치성향, 우수한 성적 등이 선호 대상이었다. 심사를 통과한 후에는 일련의 절차를 거쳐야 했다. 모든 11기 회원들이 일렬로 앉아있는 한 집에 간 뒤 정중앙에 있는 전두환 회장 앞에서 무릎을 꿇었다. 뒤이어 오른손을 펴 들고 4개 항으로 된 충성 선서를 했고, 11기중 한 명이 따라주는 적포도주를 마심으로써 가입을 완료했다.

육사 11기 하나회원들은 일종의 '선민사상'에 사로잡혀 있었다. 이들은 정규 육사 1기가 바로 본인들이라고 생각했다. 이전 기수 군인들은 제대로 된 교육을 받지 않았고, 11기부터 정식 교육을 수료했다는 것이 이유였다. 기실 육사 1기부터 9기까지는 단기 교육을, 10기는 2년제 교육 과정을 수료했다. 11기부터 정규 4년제 교육 과정을 밟았다. 이에 따라 11기 하나회원들은 이전 기수 군인들을 알게 모르게 무시했다. 하나회원들의 활동은 철저히 비밀스러웠다. 하나회는 군대 내 사조직이었기 때문에 공식적인 활동 내역이 드러나면 결코 아니 됐다. '점조직'으로 움직였던 만큼, 같은 회원끼리도 실체를 알 수 없었다.

하나회는 박정희 정권 때부터 두각을 나타낸다. 1961년 박정희가 '5.16 쿠데타'를 일으켰을 때, 당시 서울대학교 학생군사교육단 교관으로 근무 중이던 전두환은 육사 생도들의 쿠데타 지지 시가행진을 진두지휘했다. 이는 박정희에게 큰 힘이 됐고, 그 공로를 인정받아 전두환은 일찍이 박정희의 최측근으로 거듭났다. 이후 박정희는 전두환 등 하나회원들을 키우는 모습을 보였다. 박정희는 하나회의 실체를 1973년 '윤필용 사건' 이후에 알았다. 세력 균형을 통해 권력 강화를 도모했던 박정희는 구군부에 대응하는 신군부를 일부러 키워 이를 구현하려 했던 것이다. 우선 하나회원들은 초급장교 시절부터 노골적인 인사 특혜를 받았다. 국방부, 육군본부, 보안사령부, 특전사, 수도경비사령부 등 핵심 요직에 어렵지 않게 나아갔고, 본인들의 보직을 대물림하기까지 했다. 박정희는 하나회원들의 승진 시 직접 파티를 열거나 고급 승용차, 지휘봉 등을 하사했다. 하나회원이 아닌 군인들의 경우 이런 특혜는 없었다. 더욱이 하나회의 실체가 드러난 윤필용 사건 이후에도 전두환, 노태우 등 하나회원들은 더 중요한 보직에 나아갈 수 있었다. 반면 윤필용 사건 수사 후 하나회 제거를 건의했던 강창성 보안사령관은 제3군관구사령부로 좌천됐다.

박정희 정권의 비호를 받으며 성장했던 하나회는 마침내 1979년 '12.12 쿠데타'를 통해 권력을 장악했다. 이후 1993년까지 이들은 그 누구도 감히 넘볼 수 없는 세력으로 군림한다. 군부는 물론 정부의 핵심 요직들도 대거 하나회원들이 차지했다. 육군참모총장, 국군기무사령관, 제3야전군사령관, 수도방위사령관 등은 하나회원들이 독점했고, 명예직이었던 합동참모본부의장, 한미연합사 부사령관, 1군 사령관, 2군 사령관 등은 번갈아가며 차지했다. 전역 후에는 대통령 경호실장, 안기부장, 각 부처 장관, 공기업 사장, 국회의원 등을 자연스럽게 역임했다. 반면 비하나회 군인들은 대부분 좌천과 승진 실패를 겪으며 밀려났다. 야전에 있으면서 유능함을 인정받았다 하더라도 비하나회이면 더 이상 쓸모가 없었다.

분열

승승장구하던 하나회는 노태우 정권 때부터 난관에 부딪힌다. 이때부터 하나회가 전두환계와 노태우계로 분열돼 암투를 벌인 것이다. 오랜 기간 이인자로 있었던 노태우는 대통령에 취임한 후 전두환과의 차별화를 꾀하지 않을 수 없었다. 당시 국민들의 '5공 청산' 여론이 워낙 강했고, 군부의 요직을 측근들로 채울 필요가 있었다. 이에 따라 노태우는 박희도 육군참모총장을 시작으로 최세창 합참의장, 최평욱 기무사령관, 민병돈 특전사령관, 김진영 수방사령관 등 대표적인 전두환계 군인들을 경질해 나갔다. 더 나아가 장세동, 이학봉 등 전두환의 최측근들을 구속했고, 국민 여론을 명분으로 삼아 전두환을 백담사로 유배 보내기도 했다.

경질된 전두환계의 빈자리는 노태우의 직계 군맥, 이른바 '9-9 라인'이 차지했다. 9-9 라인은 노태우가 9 공수여단장, 9 사단장을 역임할 때 지근거리에서 함께 했던 측근 군인들을 말한다. 여기에는 비하나회, 비육사 출신들도 다소 있었지만, 대부분이 하나회 내 노태우계 군인들이었다. 이진삼 육군참모총장, 이필섭 합동참모본부의장, 이문석 특전사령관, 구창회 기무사령관, 조남풍 1군 사령관, 김진선 수방사령관 등이 있었다. 믿었던 노태우에게 속절없이 당한 전두환계는 크게 반발했다. 아울러 군부에서 가까스로 살아남은 소수의 전두환계가 노태우계에게 저항하며 군부 내 암투가 벌어지기도 했다. 전두환계 수장인 이종구 국방부 장관과 노태우계 수장인 이진삼 육군참모총장 간의 인사권 대립이 대표적이다. 대체로 힘의 우위를 갖고 있던 노태우계는 전두환계를 탄압했는데, 김진선의 경우 지나치게 전두환계를 탄압하다 노태우에게 외출을 금지당하는 '금족령'禁足令 처분을 받기도 했다. 이처럼 하나회는 심하게 분열하며 과거의 권세를 서서히 잃어갔다.

노태우는 임기 말이 되면서 전두환계에게 팔을 벌리는 모습을 보인다. 하나회를 다시 하나로 만들고 힘을 회복시킴으로써, 훗날의 안전을 보장받으려 한 것으로 추정된다. 이에 따라 좌천시켰던 전두환계 김진영을 육군참모총장으로, 서완수를 기무사령관으로 각각 발탁했다. 김영삼이 대통령에 당선되고 취임할 때, 다시 손을 맞잡은 전두환계, 노태우계 하나회원들이 군부 내 핵심 요직을 사이좋게 차지하고 있었다. 국내외 언론들과 국민들은 이 같은 하나회의 존재로 인해 김영삼이 군부와 '어색한 동거'를 하고, 전두환과 노태우를 절대로 건들지 못할 것이라고 전망했다.

김영삼 취임, 전광석화 숙청

김영삼은 1993년 2월에 제14대 대통령으로 취임했다. 그가 취임하기까진 많은 우여곡절이 있었다. 특히 주위의 비난을 무릅쓰고 정적이었던 노태우의 민주정의당, 김종필의 신민주공화당과의 '3당 합당'을 강행했다. 자신이 그토록 비판했던 군부 세력과 손을 잡는 모양새로 비쳤다. 그 결과 김영삼은 야당 지도자에서 일순간 여당 지도자가 됐다. 표면적으로는 통합이라는 대의를 표방했지만, 일각에선 당시 강력한 라이벌이었던 김대중을 이기기 위한 자구책이라는 주장도 나왔다. 또한 노태우 정권 내에서 김영삼을 비토하는 움직임도 있었다. 이처럼 과정이 매끄럽진 못했으나 어쨌든 김영삼은 대권을 거머쥐었고 '문민정부'가 출범했다. 그에겐 나름대로 뒷받침이 될 만한 정치적 배경이 두 개가 있었다. 집권여당인 민주자유당과 하나회가 주축이 된 군부였다. 하나회의 군부는 한 땐 김영삼의 대적大敵이었지만, 3당 합당 후 대통령이 된 김영삼과 구조적으로 한 편이 돼 있는 상태였다. 하지만 물리적 결합만 됐을 뿐 화학적 결합은 결코 될 수가 없었다.

김영삼은 이미 취임 전부터 하나회의 위험성을 인지했고, 이를 가만히 놔두지 않을 것이라고 결심했다. 그는 전두환, 노태우 시절처럼 하나회가 강력한 권세를 유지한다면 문민정부를 좌지우지할 가능성이 높다고 봤다. 상술했듯 거의 모든 군부 요직에 하나회 소속 장성들이 포진해 있는 만큼, 김영삼이 느꼈던 위협은 막연한 것이 아닌 실제적인 것이었다. 김영삼은 하나회와 '어색한 동거'를 하는 무난한 길을 피하고 '숙청'이라는 과감하고 어려운 길을 선택했다. 이에 따라 그는 매우 가까운 비선 측근들과 하나회 처리 문제를 놓고 의논하기 시작했다. 아무와 의논할 수는 없었다. 그러면 정보가 유출돼 하나회에게 역공을 당할 수도 있었기 때문이다. 당시 비선 조직을 살펴보면, 제1야전군사령부, 기무부대 출신의 예비역 장교들 및 검사 출신 변호사였던 김윤도가 이끄는 조직이 핵심이었다. 이들과 김영삼은 정권이 가장 큰 힘이 있고, 하나회의 분열이 완전히 봉합되지 않은 지금이 숙청의 '적기'라고 판단했다. 이어 반드시 처리해야 할 하나회 소속 장성들을 추려나갔고, 처리 후 대책들도 수립했다. 김영삼이 철저히 비선과 의논하다 보니 자연스레 공식적인 직함을 가진 측근들은 이 계획을 전혀 몰랐다. 심지어 최측근에 속했던 박관용 대통령 비서실장도 모를 정도였다.

김영삼과 비선 조직의 계획은 조금씩 그 모습을 드러낸다. 우선 김영삼은 하나회 소속인 서완수 기무사령관에게 앞으로 대통령과 독대하지 말고 국방부 장관을 통해 보고하라고 지시했다. 오래전부터 기무사령관은 정보력을 바탕으로 막강한 권세를 뽐내고 있었다. 육군참모총장도 못할 대통령과의 독대 자리는 그 권세를 보여주는 상징적인 장면이었다. 김영삼은 독대 폐지를 통해 우선적으로 기무사령관의 권세를 꺾어버렸다. 이로부터 며칠 뒤인 3월 5일, 육사 49기 졸업 및 임관식에서 김영삼은 매우 의미심장한 연설을 한다. 그는 "올바른 길을 걸어온 대다수 군인에게 당연히 돌아가야 할 영예가 상처를 입었던 불행한 시절이 있었다. 나는 이 잘못된 것을 다시 제자리에 돌려놓아야 한다고 믿는다"라고 말했다.

돌이켜보면 일종의 '서막'이었던 셈이다. 3월 8일, 김영삼은 별안간 권영해 국방부 장관을 청와대로 불러 조찬을 함께했다. 권영해는 김영삼이 부르는 이유도 모른 채 청와대로 들어온 상태였다. 조찬을 하면서 김영삼은 대뜸 "군인들은 그만둘 때 사표를 제출하느냐"라고 물었다. 권영해는 "군인들은 별도로 사표를 내는 일 없이 대통령이 통수권을 행사하면 복종한다"라고 답했다. 김영삼은 이해했다며 고개를 끄덕였다. 그런 다음 불쑥 한 마디를 꺼낸다.

"김진영 육군참모총장을 바꿔야겠다."

말 그대로 '폭탄선언'이었다. 하나회의 핵심이던 김진영을 교체하겠다는 기습적인 말에 권영해는 당황했다. 그는 오래전부터 김영삼과 함께 하나회의 위험성 및 정리 필요성을 공유했지만, 설마 이 시점에 대통령의 결심을 들을 줄은 몰랐다. 권영해는 일단 "지금 육참총장을 교체하면 대규모 후속 연쇄인사가 불가피하다. 정기인사 때 교체하는 것이 좋겠다"라며 신중한 태도를 보였다. 그러자 김영삼은 "아니다. 육군참모총장, 기무사령관을 지금 즉시 바꾸겠다"라고 선언했다. 당시 김진영 육군참모총장과 서완수 기무사령관의 임기는 한참 남아있던 상황이었지만, 이는 전혀 고려 대상이 아니었다. 이미 김영삼의 머릿속에는 이들을 대체할 후임자도 정해져 있었다.

여기서 1차 숙청 대상으로 지목된 김진영과 서완수는 누구인지 좀 더 자세히 살펴볼 필요가 있다. 우선 김진영은 하나회 내에서 '전두환의 대리인'으로 불릴 정도로 최측근이었고, 12.12 쿠데타 당시 허화평, 허삼수와 더불어 강경파에 속했다. 전두환 정권 때 수도경비사령부 작전참모, 경호실 작전차장보를 지낸 후 단연 육군사관학교 제17기 최선두 주자로 사단장에 보임돼 수도기계화보병사단장을 맡았다. 하지만 전두환의 부정선거 지시를 거부해 잠시 좌천되기도 했다. 이후 전두환 정권 말기에 수도방위사령관으로 화려하게 복귀했다. 노태우 정권 때에는 초기에 전두환계라는 이유로 박희도, 최평욱과 함께 두 번째 좌천됐다가 불사조처럼 되살아나 한미연합사 부사령관을 거쳐 육군참모총장에 올랐다. 이때 노태우는 계파는 달랐지만 하나회는 물론 군부 내에서 기반이 두터운 김진영을 무시할 수 없었고, 말기에 전두환계와 노태우계의 조화를 꾀하며 하나회의 분열을 수습하려 했다. 여하튼 김진영은 우여곡절은 있었지만 전두환, 노태우 정권에서 핵심 실세나 다름없었고, 군부 내에서도 평판이 매우 좋았던 인물이다. 김영삼이 대통령에 당선됐을 때 김진영은 본인과 고향 및 종교가 동일하다는 이유로 김영삼 당선을 환영하는 모습을 보였다고 전해진다. 두 사람은 거제도 출신이고 기독교 신자였다. 서완수 역시 전두환계로 승승장구했고, 노태우 정권에서도 특전사령관, 기무사령관 등 요직을 거치며 실세 중의 실세로 군림했다. 다만 그는 김영삼을 싫어해 노태우에게 김영삼 불가론을 내세웠고, 심지어 자체적으로 김영삼의 친인척 비리 관련 조사를 하기도 했다.

이처럼 5공화국 탄생의 일등공신들이자 이전 정권 내내 군부의 대못으로 남아있던 두 인물을 김영삼은 '단번에' 뽑아버리려고 했다. 대통령의 강력한 의지를 확인한 권영해는 즉각적으로 움직였다. 우선 그는 비밀리에 육군본부, 기무사, 수방사, 특전사 등에 대한 동향 파악에 들어갔다. 만약 인사 관련 정보

숙청의 역사

가 유출된다면 이들 부대가 어떻게 나올지 불을 보듯 뻔했다. 과거 대대적인 군 인사를 계획했던 정승화 육군참모총장이 사전 정보 유출로 전두환 보안사령관에게 역공을 당했던 기억이 생생했다. 다행히 정보 유출이 안 돼 이들 부대는 특별한 움직임이 없었다. 권영해는 군 통수권자의 권한을 내세워 전격적으로 두 사람을 보직해임했다. 그는 계룡대 집무실에 있던 김진영에게 전화를 걸어 해임 사실을 알렸다. 의외로 김진영은 별다른 저항을 하지 않고 순순히 받아들였다. 전혀 예측 못했던 조치라 본인도 얼떨떨했던 것으로 보인다. 김영삼과 권영해는 김진영이 다른 마음을 갖지 못하게 하기 위해, 후임자로 김동진 한미연합사 부사령관을 매우 빠르게 임명했다. 비하나회 출신인 그는 이발을 하고 있던 중 권영해의 전화를 받고 국방부로 들어갔다. 처음에 김동진은 본인이 노태우 정권 때 대장을 달았다는 이유로 경질 조치된 줄 알았다. 그러나 국방부에 들어가 차기 육군참모총장이 됐다는 통보를 받고 의아해하면서도 안도했다. 이렇게 육군참모총장이 교체되는 데 걸린 시간은 고작 4시간. 매우 신속했다.

비슷한 시각, 서완수는 기무사에서 기무부대장들을 소집해 월례회의를 하고 있다가 권영해에게 해임 통보를 받았다. 그 자리에는 후임자로 임명될 비하나회 출신 김도윤 참모장도 있었다. 밖에 나가 해임 사실을 접수한 후 회의 자리에 돌아온 서완수는 얼떨떨한 표정으로 부대장들에게 본인이 방금 해임됐다고 전했다. 부대장들은 아무 말 없이 그저 놀란 표정을 지었고, 바로 후임자가 된 김도윤은 난감한 듯 고개를 숙이고 있었다. 나아가 서완수뿐만 아니라 기무사 조직 전체가 표적이 됐다. 김영삼은 보안사의 후신인 기무사의 힘이 여전히 막강하다고 판단했고, 적극적으로 힘 빼기에 나섰다. 상술했듯 대통령과 기무사령관 독대를 우선적으로 폐지했다. 뒤이어 기무사령관의 계급을 중장 2차 보직에서 소장 보직으로 낮췄다. 군 관련 회의 때도 기무사령관을 상석이 아닌 말석에 앉게 했다.

김진영과 서완수를 해임한 다음날, 득의만면得意滿面한 김영삼은 청와대 수석비서관 회의에 나와 주변 사람들에게 "놀랬제?"라고 물었다. 기실 그곳에 있던 거의 모든 사람들은 사전에 해당 계획을 몰랐었기 때문에 크게 놀랄 수밖에 없었다. 놀란 것은 비서관만이 아니었다. 하나회를 포함한 군부 전체가 경악했고, 국민들도 벌어진 입을 다물지 못했다. 그러나 이때까지만 해도 김진영, 서완수 해임이 곧 대대적인 '하나회 숙청'의 시작이라는 것을 아는 이는 많지 않았다. 단순히 노태우가 그랬던 것처럼 김영삼도 전두환 측근 장군들 몇 명만을 쳐낸 후 공석이 된 요직에 본인의 측근들을 세우려 하는 것으로 보였다.

이는 대단한 착각이었다. 하나회를 표적으로 한 김영삼의 숙청은 이제 군 전체에 전방위적으로 뻗어 나간다.

숙청의 전방위적 확대

김진영, 서완수 해임의 충격파가 가시지 않은 가운데 한 달이 채 안돼 또 다른 충격파가 터졌다. 이번에는 수도 서울 인근에 주둔한 '충정부대' 특수전사령부와 수도방위사령부의 수장들이 표적이 됐다. 4월 2일, 권영해는 통수권자의 권한을 내세워 김형선 특전사령관과 안병호 수방사령관을 보직 해임했다. 두 사람의 해임은 권영해조차도 하루 전에 알았을 정도로 극비로 진행됐다. 이번에도 김영삼의 비선 조직이 주도했던 것이다. 다른 장성들은 해임 당일 권영해가 국방부 회의에서 공식적으로 발표할 때 알게 됐다. 김형선과 안병호는 전두환계가 아닌 노태우계였다. 김형선은 과거 노태우가 9 공수여단장일 때 작전 참모 및 대대장으로, 안병호는 노태우가 9 사단장일 때 작전 참모로 근무했다. 정확히 '9-9 라인'이었다. 특히 김형선은 비하나회였음에도 노태우의 신임이 두터워 승승장구했다. 일각에서는 김진영의 뒤를 이어 육군참모총장이 될 것이라는 얘기도 나왔었다. 김형선은 육군참모총장과 기무사령관이 숙청될 때 다음 차례는 분명 본인이 될 것이라고 생각해 미리 물러날 준비를 했다고 한다. 다만 비하나회였던 것이 긍정적으로 작용한 탓인지 완전히 내쳐지진 않았고 육군참모차장으로 이동했다. 안병호는 자리를 보전하기 위해 김영삼 정권 실세들을 찾아갔던 것으로 전해진다. 그러나 결과는 한직으로의 좌천이었다.

김영삼이 육군참모총장, 기무사령관에 이어 특전사령관과 수방사령관을 신속히 숙청한 것은 다분히 '쿠데타' 가능성을 염두에 둔 것이다. 이들은 강력한 전력을 갖춘 군대를 동원해 언제든 쿠데타를 실행에 옮길 수 있었다. 다행히 신속한 숙청으로 급한 불을 끄게 됐고, 전두환계와 노태우계의 맏형격들은 모두 사라지게 됐다. 차기 수방사령관에는 한미연합군사령부 부참모장인 도일규가 임명됐다. 그는 하나회를 극도로 싫어했다. 과거 윤필용 사건 때 본인이 모시던 강창성 보안사령관이 하나회 색출 작업을 하다 역공을 받고 좌천됐고, 이후 도일규는 강창성의 측근이라는 이유로 하나회의 지속적인 견제를 받았다. 그 결과 동기들이 모두 진급할 때 도일규는 뒤쳐졌다. 그러나 김영삼 정권이 들어서자 비로소 고난의 세월을 끊고 비상의 날개를 펴게 됐다. 도일규는 수방사령관에 이어 3군 사령관, 육군참모총장에까지 올랐다. 차기 특전사령관에는 육군본부 동원참모부장인 장창규가 임명됐다. 그는 의지가 굳고 결단력이 있다는 평가를 받았고, 오래전에 김진영의 후임으로 임명된 김동진 육군참모총장을 모신 적이 있었다. 이제 하나회가 아닌 비하나회가 군부 내 핵심 요직인 육군참모총장, 기무사령관, 특전사령관, 수방사령관을 모두 차지했다.

다음으로 4월 8일, 김영삼과 비선 조직은 야전에 있는 지휘관들을 손보기 시작했다. 대표적인 것은 구창회 3군 사령관과 김연각 2군 사령관이었다. 구창회는 노태우 9 사단장의 참모장이었다는 이유로 기무사령관, 수방사령관 등 요직을 역임했다. 김영삼이 대통령에 당선됐을 때, 그는 김영삼과 같은 경남고 출신이어서 본인이 또 승진을 할 것이라고 기대했다. 하지만 완벽한 착각이었다. 김영삼은 구창회를 즉시 전역 조치했다. 그런데 김연각에 대한 처리는 의외였다. 그는 하나회가 아니었고 9-9 라인도 아니었다. 동기인 김동진은 새로운 육군참모총장에 올랐는데 김연각은 별안간 몰락했다. 이는 김연각이 'TK'^{대구, 경북} 출신이었기 때문이라는 분석이다. 박정희, 전두환, 노태우가 다른 지역을 배제하고 본인들의 고향인 TK 출신 인사들을 중용한 것처럼, 김영삼은 TK를 포함한 다른 지역을 배제하고 고향인 'PK'^{부산, 경남} 출신 인사들을 중용하려 했다는 것이다. 한편 구창회와 더불어 9-9 라인 핵심이었던 조남풍 1군 사령관도 잠시 유임됐다가 경질됐다. 이들을 대체해 새로 임명된 김진선 2군 사령관과 윤용남 3군 사령관 등은 하나회를 배척했거나 하나회에게 고초를 겪은 전력이 있었다. 특히 김진선은 하나회의 일원이자 9-9 라인이었지만, 수방사령관이었을 때 하나회 출신 인사들을 수방사 참모직 등에서 전부 배제시켰었다.

7일 뒤인 4월 15일에는 대대적인 군단장, 사단장급 인사까지 단행됐다. 이때 4명의 군단장, 8명의 사단장이 교체됐다. 대부분이 하나회 군인들이었다. 신임 군단장 중 표순배 중장을 제외한 모든 이들이 비하나회였고, 신임 사단장도 거의 비하나회였다. 이와 같은 시점에 전영진 국방부 인사국장과 최승우 육군본부 인사참모부장도 교체됐다. 그동안 본인들과 한 식구인 하나회 군인들을 군 핵심 요직에 밀어 넣었다는 혐의가 적용됐다. 어느 분야나 마찬가지겠지만 군부에서도 '인사권'은 매우 막강하면서도 중요한 권한이다. 이에 따라 하나회 군인들은 인사권이 있는 자리에 과도하게 집착했다. 특히 육군본부 인사참모부장은 핵심 중의 핵심으로, 여기 출신은 전역 후에도 좋은 자리에 나아갈 수 있었다. 후임자로는 갑종 출신 정연우와 임종섭 제7보병사단장이 각각 내정됐다. 비육사인 갑종 출신 군인이 중용된 것이 이때 인사의 주요 특징이었다. 이후 하나회인 이상학 육군참모총장 비서실장과 권중원 국방부장관 군사보좌관이 스스로 물러났다.

숙청은 좀처럼 끝날 기미를 보이지 않고 계속된다. 5월 8일, 국회에서는 이해찬 민주당 의원 등을 중심으로 12.12 쿠데타와 관련한 대정부 질의응답이 있었다. 당시 이해찬 등은 황인성 국무총리에게 12.12 쿠데타의 위법 여부를 따졌고, 황인성은 "위법사항은 아니며 역사의 판단에 맡겨야 한다"는 답변을 했다. 이에 모든 야당 의원들이 들고일어났다. 내심 야당과 보조를 맞추고 있던 김영삼 정권은 "12.12는 하극상에 의한 쿠데타적 사건"이라고 공식 발표했다. 일련의 과정으로 인해 또다시 군부 내 하나회 군인들에 대한 숙청 분위기가 고조됐다. 이때 주된 표적이 된 것은 이필섭 합참의장, 김진선 2군 사령관, 안병호 2군 부사령관, 박종규 56 사단장이었다. 이들은 12.12 쿠데타 당시 상관의 명령을 거부할 수 없었다고 항변했다. 그럼에도 쿠데타 당시 명백한 혐의점 및 쿠데타 이후 승승장구한 전력 등에 의해 이들의 항변은 무시됐다. 특히 박종규는 정병주 특전사령관을 총격을 가해 체포했고, 참군인으로 평가받는 김오랑 소령을 사살했었다. 결국 5월 23일에 이필섭 등 4명의 장성에 대한 예편 조치가 단행됐다. 당시 박세환 교육사령관이 새로운 2군 사령관으로 임명됐는데, 그는 고려대 ROTC 1기로 학군 출신 첫 대장이 됐다.

이처럼 3월 8일부터 5월 23일까지, 단기간에 집중적으로 행해진 1차 숙청으로 하나회의 권세는 완전히 꺾였다. 무려 18명의 장성들이 군복을 벗었고, 떨어진 별만 40개가 넘었다. 다만 모든 하나회 및 9-9 라인 군인들이 숙청을 당한 것은 아니었다. 아직도 하나회와 관련된 장성들과 영관급 장교들이 많이 남아있었다. 김영삼과 최측근들은 실질적인 위협이 될 만한 하나회 고위급 장성들만을 숙청한 후 그만두려고 했다. 하지만 권영해 국방부 장관과 김동진 육군참모총장 등은 이것으로 만족하지 않았다. 나머지 하나회 장성들과 영관급 장교들까지 모조리 씨를 말리려고 한 것이다. 숙청을 중지하려는 측과 계속하려는 측의 신경전이 나타나는 모양새였다. 이런 가운데 2차 숙청의 불씨를 댕기는 사건이 발생한다.

만천하에 드러난 하나회의 민낯

한편, 1차 숙청 와중에 발생한 한 사건을 짚고 넘어가지 않을 수 없다. 4월 2일, 특전사령관과 수방사령관이 숙청되는 날, 또 다른 장소에서 엄청난 일이 발생했다. 당시 교육사령부 지원처장을 맡고 있던 백승도 대령이 하나회의 명단이 적힌 문서를 서울 용산구 동빙고동 군인 아파트에 뿌렸던 것이다. 문서에는 육사 20기 중장급부터 36기 중령급까지 하나회 125명의 명단이 있었다. 앞서 김영삼 취임 직후 국방부 주차장에 동일한 명단이 뿌려진 적이 있었다. 그런데 당초 국방부 장관인 권영해와 육군참모총장 김동진은 문서가 명확하지 않다고 판단해 김영삼에게 보고조차 하지 않으려 했다. 그러나 비하나회 군인들이 가만히 있지 않았다. 그들은 해당 문서를 열심히 복사해 전국에 널리 뿌렸고, 사연스레 사건은 확대됐다. 4월 13일, 법무감실에서 마지못해 조사에 착수하려는 가운데 언론에 처음으로 해당 명단이 보도됐다. 이제 모든 비하나회 군인들과 국민들이 하나회의 실체를 제대로 알게 됐다. 여론은 폭발했다. 무엇보다 그동안 승진에서 불이익을 받았다고 느꼈던 비하나회 군인들이 대거 들고일어나 '하나회 척결'을 외쳤다. 당초 문서에 대해 회의적이었던 권영해와 김동진도 이젠 태도를 바꿔 문서의 진위 여부를 철저히 수사하라고 지시했다. 이때 하나회에 적대적이었던 윤용남 3군 사령관은 "문민정부가 들어선 이 시점에도 군 요직을 독점하며 군을 파행으로 몰고 갔던 하나회 출신들이 건재하고 있다. 이들을 당장 군에서 쫓아내야 한다"라고 말하기도 했다.

육군범죄수사단의 본격적인 수사가 시작되기에 앞서, 채문기 육군범죄수사단장이 문서에 이름이 적시됐다는 이유로 교체됐다. 이후 범수단 수사는 두 개의 방향으로 전개된다. 하나는 범무감실의 장성들 수사, 또 다른 하나는 헌병단의 영관급 장교들 수사였다. 범수단은 수사 대상을 A, B, C, D 네 등급으로 나눴다. A는 하나회원임을 인정한 경우, B는 본인은 부인했지만 모든 동기들이 인정한 경우, C는 본인이 부인했고 일부 동기가 인정한 경우, D는 하나회원임이 확실히 아닌 경우였다. 문서에 이름이 적시된 장성들은 대체로 빠르게 인정했지만, 장성 승진을 앞둔 장교들은 한사코 부인했다. 범수단은 기무사에 보관된 '존안'存案 자료들을 일일이 확인해가며 하나회원들의 실체에 점점 다가갔다. 본인의 의사와는 무관하게 사소한 인연으로 하나회 명단에 올라간 군인들은 기무사의 존안 자료들로 인해 구제를 받을 수 있었다.

93년 말, 마침내 하나회 최종 명단이 도출됐다. 명단 숫자는 당초 백승도가 알린 125명보다 다소 감소한 105명이었다. 그 105명은 대부분 백승도가 알렸던 명단과 일치했다. 장성의 경우 3명만이 불일치했다. 하나회 최종 명단을 확인한 비하나회 군인들은 경악을 금치 못했다. 전두환, 노태우 정권 시절, 군부의 요직을 차지했던 거의 모든 군인들이 하나회원이었다. 육군참모총장 6명 중 5명, 보안사령관 10명 전원, 수방사령관 10명 중 8명, 육군본부 인사참모부장 15명 중 13명이 대표적이다. 그동안 승진이 잘 안 됐던 비하나회 군인들은 비로소 그 이유를 깨닫고 난 후 거세게 분노했다. 이후 하나회원으로 밝혀진 현직 군인들은 장성, 장교 가릴 것 없이 인사상 무차별적인 불이익을 받게 된다.

2차 숙청, 완전한 궤멸

1차 숙청이 완료된 5월 23일 이후 한동안 소강상태가 지속됐다. 상술했듯 김영삼과 최측근들은 하나회의 머리를 거의 다 날렸으니 이쯤에서 숙청을 그만두려 했다. 그러나 숙청은 7월에 다시 재개된다. 이충석 합참 작전부장이 술김에 벌인 언행이 발단이었다. 그는 과거 전두환 1 사단장 밑에서 대대장을 지냈고, 이후 수경사 30 경비단장, 1 공수여단장, 1 사단장을 역임했다. 군 내부에서는 이충석을 전두환맨이라고 여겼다. 대표적인 하나회 장성이자 전두환의 측근이었던 만큼, 그는 김영삼 정권의 하나회 숙청에 큰 불만을 갖고 있었다. 결국 이를 참지 못하고 이양호 합참의장 취임 한 달 기념 회식자리에서 이충석은 "군을 이런 식으로 막 대해도 돼? 선배들 입장을 이해하지 못하는 건 아니지만 그래도 이게 뭐냔 말이야. 소신도 없고 다 죽었어. 정부가 장군들을 함부로 대하니까 외부에서도 제멋대로 군을 매도하잖아"라고 소리쳤다. 그러면서 물컵으로 탁자를 몇 차례 내리쳤다. 주변 사람들은 이충석을 뜯어말렸고, 이양호는 서둘러 밖으로 나갔다.

일명 '사파리가든 회식 사건'은 즉시 김영삼과 군 수뇌부에 보고됐다. 이들은 이충석의 언행을 매우 심각하게 받아들였다. 나아가 단순히 이충석 개인의 일탈이 아닌 하나회의 집단 저항으로 규정했다. 마침 이 시기에 육군본부 인사참모부장에서 교육사령부 참모장으로 쫓겨난 최승우가 김진영 전 육군참모총장, 김길부 2 군단장 등과 함께 군사반란을 모의한다는 문건이 기무사에 들어갔다. 이는 무혐의로 결론 났지만, 예민한 김영삼과 군 수뇌부는 가만히 있지 않았다. 추가적인 숙청에 미온적이었던 김영삼은 기존 방침을 바꿔 2차 숙청을 단행한다. 우선 사건의 당사자인 이충석이 보직해임과 동시에 강제전역을 당했다. 뒤이어 하나회 군인들이 많은 제1야전군사령부에 숙청의 칼날이 뻗쳤다. 이때 하나회의 저항에 더해 '율곡사업비리'가 숙청의 명분으로 작용했다. 율곡사업비리는 군 전력 현대화 사업인 '율곡사업'과 관련해 국방부 장관과 장성들이 뇌물을 받은 사건을 말한다. 조남풍 1군 사령관이 비리에 연루돼 해임된 것을 시작으로, 서완수 부사령관, 유회국 참모장, 윤영정 작전처장 등 하나회원들이 잇따라 해임됐다.

10월에 접어들면 숙청의 범위는 더욱 넓어지고 강도는 세진다. 하나회원인 김정헌 육군사관학교 교장, 이택형 합참 작전기획본부장, 안광렬 국방부 시설국장, 최기홍 국방부 정책기획관, 함덕선 11 군단장, 김종배 3 군단장 등이 보직해임을 당한 후 전역했다. 다음 해로 넘어가도 숙청은 그칠 줄 모른다. 1994년 4월, 김재창 연합사 부사령관, 장석린 국방대학원장, 박광영 육군교육사령관, 최권영 777 사령관, 표순배 9 군단장,

숙청의 역사

김현수 22 사단장, 길영철 11 사단장 등이 해임됐다. 이에 따라 중장급 이상에 하나회원들은 단 한 명도 존재하지 않게 됐다. 2차 숙청의 시기에는 하나회 영관급 장교들도 대거 숙청됐다. 다만 명령에 의한 강제 전역이 가능했던 대장, 중장급과 달리 소장 이하는 법적으로 정년까지 계급을 보장해줘야 했기 때문에 한직으로의 좌천이 주를 이뤘다.

김영삼의 취임 직후 매우 과감하고 신속하게 진행된 하나회 숙청은 1994년 10월을 끝으로 마침내 마무리됐다. 숙청 기간은 약 1년 7개월이었다. 하나회가 일순간 풍비박산이 나면서 비하나회 군인들의 세상이 됐다. 그들은 오랜 기간 배제됐던 설움을 씻고 모든 핵심 요직에 나아갈 수 있었다. 한편 하나회 숙청을 계기로 군부 내 사조직은 좀처럼 발을 붙일 수 없었다. 하나회 숙청 이후에도 사조직으로 보이는 존재들이 있었지만, 어느 순간 적발돼 해체 수순을 밟았다. 만나회, 알자회, 나눔회 등이 대표적이다. 이로써 대한민국은 군부 내 사조직과 정치군인들이 주축이 된 쿠데타 위협에서 완전히 해방될 수 있었다. 다만 정치권과 성우회, 재향군인회 등에서 하나회 출신 인사들이 활약하는 모습은 적지 않게 나타났다. 일각에서는 하나회 숙청으로 군 전력이 약화됐다는 평가도 나온다. 하지만 근거가 빈약하다. 하나회는 군사적인 능력보단 정치적인 능력이 뛰어났던 군인들이 주를 이뤘다. 되레 전방에서 복무하며 실전 능력을 쌓은 군인들은 비하나회가 더 많았다. 하나회 숙청이 아닌 하나회 소속 정치군인들의 존재로 군 전력이 약화됐다고 보는 견해가 더 타당할 수 있다.

전두환, 노태우 구속

하나회의 최고 우두머리라 할 수 있는 것은 전두환과 노태우였다. 하나회 창설을 주도한 것을 넘어 하나회를 통한 쿠데타에 기반해 대통령까지 올랐기 때문이다. 이들은 하나회가 속절없이 숙청될 때 침묵으로 일관했다. 하지만 침묵으로 일관할 일이 아니었다. 숙청이 한창일 때와 그것이 마무리된 후에 전두환과 노태우에 대한 12.12 책임론이 급부상했다. 마침 1993년 5월 13일에 김영삼 정권은 12.12를 '하극상에 의한 쿠데타적 사건'이라고 규정했다. 이를 기점으로 정승화 전 육군참모총장 등 쿠데타 피해자, 야당, 민주재야 세력은 전두환, 노태우에 대한 수사와 기소를 촉구했다. 그러나 검찰에서는 미온적인 태도를 보였다. 그들은 '국력 소모'를 이유로 전두환, 노태우와 관련된 혐의를 덮으려 했다.

야당과 민주재야 세력은 포기하지 않고 전국적인 규탄집회는 물론 청와대까지 찾아가 기소촉구 서한을 전달했다. 12.12

숙청의 역사

쿠데타와 더불어 5.18 민주화 운동과 관련해서도 전두환, 노태우에게 책임을 묻는 움직임이 거세게 일어났다. 광주항쟁정신계승위원회 등 민주화운동 관련 단체에 소속된 인사 616명은 전두환, 노태우에 대한 고소, 고발장을 검찰에 제출했다. 하지만 이번에도 검찰은 미온적이었다. 그들은 "새로운 헌법질서 창조, 성공한 쿠데타는 처벌할 수 없다"라는 유명한 논리를 내세워 불기소 처분 결정을 내렸다. 야당인 새천년민주당은 크게 반발하며 '5.18 민주화운동 등에 관한 특별법'을 제출하겠다고 선언했다. 여당인 민주자유당은 당대표 국회연설과 논평 등을 통해 해당 특별법을 초법적인 소급입법으로 규정했고, 명확한 반대 의사를 표명했다. 아무리 야당과 민주재야 세력이 들고일어난다 해도 여당과 검찰, 그리고 김영삼 정권이 동조하지 않으면 전두환, 노태우 단죄는 어려운 일이었다.

그런데 반전이 일어났다. 1995년 10월, 박계동 민주당 의원이 국회에서 노태우 비자금 내역을 공개했다. 이는 사실이었고, 노태우는 대국민 사과를 했다. 이후 그는 헌정사상 최초로 검찰에 소환돼 장시간 수사를 받았다. 혐의가 명백했기 때문에 노태우는 머지않아 서울구치소에 구속수감됐다. 내심 야당과 민주재야 세력에 동조하고 있었던 김영삼은 이를 기회로 삼아 '5.18 민주화운동 등에 관한 특별법' 제정을 여당에 지시했다. 특별법은 1995년 12월 19일에 제14대 국회를 통과했고, 12월 21일에 공포, 시행됐다. 얼마 전까지 '초법적인 소급입법'이라며 반발한 여당은 대통령의 지시에 크게 당황했다. '공소권 없음'이라는 결정을 내렸던 검찰도 당황하긴 마찬가지였다. 하지만 김영삼의 의지는 확고했다. 여당은 특별법 제정에 나섰고, 검찰은 대검찰청 중앙수사부에 '12.12 및 5.18 사건 특별수사본부'를 설치한 후 수사에 돌입했다. 국민들은 하나회 숙청에 이어 또 한 번 벌어진 입을 다물지 못했다.

전두환은 비상이 걸렸다. 그는 처음에는 이양우 변호사를 통해 "특별법 제정을 강행한다면 소급입법에 의한 정치 보복의 악순환이 되풀이 돼 헌정사에 씻을 수 없는 오점을 남길 것"이라고 말했다. 이후 검찰에서 본격적인 수사에 들어가자 전두환은 직접 연희동 사저 입구 골목에 나와 "검찰 소환에 절대 응하지 않을 것"이라고 선언했다. 그 유명한 '골목 성명'이었다. 성명 발표 후 전두환은 고향인 경상남도 합천군으로 내려갔다. 검찰은 전두환의 행동을 '도주'로 간주했고, 곧이어 군형법상 반란수괴 등의 혐의로 구속영장을 청구했다. 서울지방법원에서 구속영장이 발부되자마자 검찰은 합천군으로 출동해 전두환을 체포하려 했다. 그러나 전두환의 집 앞에서 일단의 청년들이 체포를 막았다. 경찰에서 공무집행방해로 처벌할 수 있다는 강력한 경고가 나오자 청년들은 물러섰고, 전두환은 밖으로 나와 검찰 호송차량에 탑승했다. 그 길로 전두환은 안양교도소로 직행, 구속수감됐다. 의도된 것인지는 불분명하지만, 전두환이 탑승한 차량은 내부가 훤히 들여다보였다. 이에 따라 취재 경쟁이 불붙으면서 전두환은 상당한 굴욕을 겪었다.

한편 전두환, 노태우 구속이라는 초강수는 한편으로는 김영삼 정권의 '역사 바로 세우기' 차원이었고, 다른 한편으로는 5,6공 세력의 재기를 막고 임기 후반의 국정장악력을 확보하기 위함이었다. 당시 김영삼 정권은 어두운 과거사를 청산한다는 명분으로 조선총독부 건물을 폭파하거나 경복궁을 복원하기도 했다. 이것의 연장선으로써 12.12 쿠데타 및 5.18 민주화 운동 등에 대한 진상규명과 전두환, 노태우 구속을 강행한 것이다. 이울러 이때 5,6공 세력이 김종필의 자유민주연합과 손을 맞잡고 재기하려는 모습을 보였다. 나아가 삼풍백화점 붕괴, 성수대교 붕괴 등으로 민심이 심상치 않았다. 김영삼 정권은 이 모든 어려움을 한 번에 타파할 수 있는 카드가 필요했고, 그것이 바로 전두환, 노태우 구속으로 이어졌다. 전두환은 법정 최고형인 사형, 노태우는 징역 22년을 선고받았다. 결국 김영삼은 하나회 숙청에 이어 최고 우두머리인 전두환, 노태우까지 구속시키면서 군사정권의 명맥을 완전히 끊어버렸다.

● **연대기**(연도는 최초 사건 발생일)

681년 – 신문왕 '진골 숙청'

960년 – 광종 '호족 숙청'

1170년 – 고려 무신 '문신 숙청'

1394년 – 조선 왕조 '왕씨 숙청'

1408년 – 태종 '외척 숙청'

1456년 – 세조 '충신 숙청'

1498년 – 연산군 '사화'

1589년 – 선조 '기축옥사'

1680년 – 숙종 '환국'

1993년 – 김영삼 '하나회 숙청'

숙청의 역사

● 참고 문헌

· 조선왕조실록

· 연려실기술 _이긍익

· 고려사

· 고려사절요

· 개혁군주 광종 _우재훈

· 벌거벗은 한국사

· 추강냉화 _남효온

· 성호사설 _이익

· 기축록

· 나무위키

· 한국민족문화대백과사전

· 삼국사기 _김부식

· 기축옥사 재조명 _역사문화교육연구소

· 숙종과 그의 시대 _한국학중앙연구원

· 김영삼 회고록 _김영삼

● 추천사

"기자의 필치로 숙청의 역사를 그려냈다. 정변의 역사에 이은 두 번째 작품이다. 재미있고 간결하며 핵심을 담아 대중 친화적이다. 역사는 반복된다. 숙청의 역사를 알면 어제와 오늘의 정치 현실이 입체적으로 보인다. 이 책이 유익한 이유다. 한국 정치사의 교양을 쌓고 싶은 분들께 적극 추천한다."

_오영걸 서울대학교 법학전문대학원 교수

"인류 역사 속에서 숙청은 어떤 형태로든 늘 존재해 왔다. 특히 권력의 전환이 이뤄질 때, 신흥 세력은 반대파(정적)에 대한 숙청을 통해 권력의 안정을 이루곤 했었다. 숙청은 참혹한 흑역사로 보일 수 있지만, 이를 파악하는 것은 역사 공부에 지극히 유익하다고 생각한다. 최 기자는 통일신라, 고려, 조선, 현대사의 격동과 변화의 시기에 숙청이 왜 일어났으며, 그 과정은 어떻

266   숙청의 역사

게 진행됐는지를 알기 쉽게 풀어내고 있다. 저자의 책을 통해 지금까지 잘 몰랐던 그 당시 숙청의 근본 원인과 본질을 충분히 이해할 수 있었다. 한국사를 공부함에 있어 반드시 읽어볼 가치가 있는 책이라고 평가한다. 필독을 권한다."

_이승도 전 해병대 사령관

"역사는 흥미로운 분야인데, 대중들에게 가까이 다가가지 못하는 현실이 안타까웠다. 재미있는 역사책이 많지 않은 것이 한 원인일 것이다. 최 기자가 쓴 이 책은 재미있는 역사책이다. 평소 역사에 관심이 덜한 사람들도 재미있게 읽을 수 있는 책이라고 생각한다. 저자가 경제, 산업 분야에 더해 역사 분야에까지 관심이 많은 줄 몰랐다. 모쪼록 이 책이 사람들에게 널리 읽혀져서 역사가 대중친화적인 분야로 거듭나길 바란다."

_강남규 법무법인 가온 대표변호사